픽업아티스트가 추천하는
여자를 유혹하는
데이트 코스
83

픽업아티스트가 추천하는
여자를 유혹하는 데이트 코스 83

초판 1쇄 인쇄 2013년 9월 10일
초판 1쇄 발행 2013년 9월 15일

지은이 일루시온
펴낸이 金泰奉
펴낸곳 한솜미디어
등 록 제5-213호

편 집 박창서, 김주영, 김수정
마케팅 김명준
홍 보 김태일

주 소 (우143-200) 서울시 광진구 구의동 243-22
전 화 (02)454-0492(代)
팩 스 (02)454-0493
이메일 hansom@hansom.co.kr
홈페이지 www.hansom.co.kr

ISBN 978-89-5959-367-5(03980)

*책값은 표지에 표시되어 있습니다.
*잘못 만들어진 책은 구입하신 서점에서 친절하게 바꿔드립니다.

픽업아티스트가 추천하는

여자를 유혹하는 데이트 코스 83

일루시온 지음

한솜미디어

| 머리말 |

안녕하세요.

픽업아티스트이자 암스 카페(http://www.armscafe.co.kr/)를 운영하는 일루시온입니다. 베스트셀러인 전작 『대한민국 미녀 유혹의 비밀』에 이어 이번에 또 책을 내게 되었습니다.

이제까지 연애를 못하는 수많은 수강생들을 가르치면서 알게 된 사실은 '여자와 첫 데이트를 할 때, 어디에 가서 어떻게 해야 하는지를 정하지 못한다'는 것이었습니다. 그래서 이렇게 고민하는 수강생들에게 데이트에 대한 실질적인 도움을 주고자 이 책을 발간하게 되었습니다.

앞으로 이 책만 가지고 있으면 언제 어디서 여자를 만나더라도 "우리 뭐할까?" 하는 고민 없이 즐겁게 데이트를 할 수 있으며, 또한 사랑하는 그녀와 지루한 일상에서 벗어나 재미있게 데이트 할 수 있는 여러 가지 팁도 설명해 놓았습니다.

비단 이 책은 연애 초보뿐만 아니라 항상 데이트에 관하여 고민하는 대한민국 모든 청춘남녀에게 유용한 책이 될 것입니다.

일루시온

| 목차 |

머리말 / 5
데이트를 하기 전에 / 10

 여자를 유혹하는 맛집

001 카페 74 / 16
002 고센 / 18
003 구름 카페 / 20
004 노을 카페 / 22
005 루카 511 / 24
006 리틀시안 / 26
007 마노디세프 / 28
008 매그놀리아 / 30
009 바위소리 / 32
010 무이무이 / 34
011 미즈컨테이너 / 36
012 바피아노 / 38
013 스타시티 레스토랑 / 40
014 아실라 / 42
015 라바트 / 44
016 아이 해브 어 드림 / 46
017 올라 / 48

018 요요마의 키친 / 50

019 우바 / 52

020 촛불 1978 / 54

021 카페오라 / 56

022 캐슬 프라하 / 58

023 커피벨 / 60

024 패션 5 / 62

025 품앗이 / 64

026 꽃과 어린왕자 / 66

027 꽃물 / 68

028 리버 / 70

029 봉주르 / 72

030 빌라 드 스파이시 / 74

031 삐에로 스트라이크 / 76

032 왈츠와 닥터만 / 78

033 취연 / 80

034 치폴라 로쏘 / 82

035 코나빈스 / 84

036 적우 / 86

037 꼬르소 꼬모 / 88

038 스카이 카페 / 90

039 오엔 / 92

040 아델라 베일리 / 94

PART 02 여자를 유혹하는 데이트 장소

041 광화문 광장 및 세종·충무공 전시관 / 98

042 광릉 국립수목원 / 100

043 국립중앙도서관 / 102

044 낙산공원 / 104

045 뚝섬유원지 / 106

046 서울숲 공원 / 108

047 롯데 프리미엄 아울렛 / 110

048 신세계 프리미엄 아울렛 / 112

049 경기 영어마을 파주 / 114

050 헤이리 예술마을 / 116

051 프로방스 마을 / 118

052 리움 미술관 / 120

053 목동 사격장 / 122

054 영종도 및 해수욕장 / 124

055 무의도, 실미도 / 126

056 신도, 시도, 모도 / 128

057 인천 국제공항 / 130

058 분당 중앙공원 / 132

059 분당 율동공원 / 134

060 서울 오토갤러리 / 136

061 대관령 양떼목장 / 138

062 대관령 삼양목장 / 140

063 일산 호수공원 / 142
064 반포대교 달빛 무지개 분수 / 144
065 제이드 가든 / 146
066 인천 차이나타운 / 148
067 북악 팔각정 / 150
068 하얏트 호텔 아이스링크 / 152
069 포천 허브아일랜드 / 154
070 국립 중앙박물관 / 156
071 국립 현대미술관 / 158
072 N 서울타워 / 160
073 남양주 종합 촬영소 / 162
074 남이섬 / 164
075 덕수궁 돌담길 / 166
076 북촌 한옥마을 / 168
077 아침고요 수목원 / 170
078 정자동 카페 거리 / 172
079 잠실 카트 체험장 / 174
080 삼성 교통 박물관 / 176
081 호암 미술관 / 178
082 쁘띠프랑스 / 180
083 이슬람 사원 / 182

마치는 글 / 184

데이트를 하기 전에…

연인과 데이트를 하기 전에 가장 중요한 것이 있다. 그것은 만반의 준비를 철저히 하는 것이다. 모처럼 만에 기분 좋은 데이트를 기대했는데 뜻하지 않은 상황 때문에 그날의 데이트를 모두 망쳐버린다면 그것처럼 기분 상하는 일이 없을 것이다. 더구나 그 데이트가 그녀와 처음 만나는 날이라면 더더욱 준비를 철저히 해야 할 것이다. 단 한 번의 데이트만으로도 그녀는 당신과의 미래를 결정해 버릴 수도 있기 때문이다. 그러므로 마음에 들어 사귀고 싶거나 놓치고 싶지 않은 사람이 있다면 사전에 완벽하게 준비해 놓아야 한다.

첫 데이트가 모든 것을 결정한다.

무엇을 어떻게 준비할 것인가?

1. 그날의 스타일을 완벽하게 준비한다

여자들은 남자를 만나기 위해서 자신을 꾸미는 데 최소 2시간 이상을 투자한다. 하지만 남자들은 그것의 반도 안 되는 고작 30분 내외의 시간을 투자할 뿐이다. 여기서부터 데이트의 성패가 나타나는 것이다. 여자가 그렇게 많은 시간을 들여서 데이트에 나온다면, 남자도 당연히 그 이상의 시간을 투자해야 하는 것이다. 그렇지 않고서 나는 첫 데이트를 얼마든지 성공시킬 수 있다는 것은 근거 없는 자만심일 뿐이다. 절대 여자를 만나려 할 때 대충 하고 나갈 생각을 하지 말고 자신의 스타일을 완벽하게 준비하고 나가길 바란다. 남자든 여자든 일단 외모에서 호감이 나와야 그 다음도 순조로운 법이다. 구체적인 스타일 방법은 저사의 또 다른 책인 『대한민국 미녀 유혹의 비밀』에 나와 있으므로 참고하기 바란다.

2. 처음 가보는 데이트 장소는 가지 말자

특히 여자를 처음 만날 때 한 번도 가본 적이 없는 장소를 데이트 장소로 정하는 것은 좋지 않다. 첫 데이트 장소는 본인이 익숙하고 가본 적이 있는 장소를 택해야 마음이 편하고, 실수나 주저함이 없이 자연스럽게 여자를 리드할 수 있다. 만약 이곳이 어떤 곳인지 몰라 당황하고 실수한다면 당연히 여자들은 당신의 가치를 낮게 볼 것이다. 과거 필자는 여자와 첫 데이트 때 그 음식점이 셀프 시스템인 것을 모르고 주문 오기를 한참 기다렸다가 시간만 낭비하고 여자한테 핀잔을 들은 적이 있다. 이날 데이트는 망쳤음은 물론이고, 그 여자와 다시는 연락이 안 되었다.

3. 자동차를 이용한다면 정비와 세차를 철저히 하자

여자친구와 기분 좋게 자동차를 타고 데이트 목적지까지 가는데 갑자기 차가 고장이 나 버린다면 그것처럼 사람을 당황하게 만드는 일은 없을 것이다. 이러한 일이 발생하지 않도록 철저히 정비를 하고, 목적지까지 충분히 주유를 해서 중간에 차가 멈추는 일이 없도록 하자. 또한 여자는 깨끗한 차를 타길 원한다. 세차를 안 해서 더러운 차를 타고 싶은 여자는 세상에 아무도 없을 것이다.

자동차 이용 시 주의할 점 한 가지를 더 말하자면, 언제 어느 시간대에 차가 막히는지 미리 알아두는 것이 좋다. 차가 막혀서 목적지까지 가는 데 시간이 너무 오래 걸린다면 좋아할 사람은 아무도 없을 것이다.

4. 데이트 시간에 절대 늦지 말자

시간약속을 잘 지키는 남자는 무슨 일을 해도 성공한다는 말이 있다. 이처럼 시간약속을 철저히 잘 지키는 남자는 여자가 보기에 신뢰 있고, 가치 있는 남자로 평가된다. 차가 막혀서, 버스가 늦게 와서, 택시가 안 잡혀서와 같은 핑계는 더 이상 통하지 않는다. 약속시간보다 30분 일찍 도착하는 것을 목표로 하고 미리 출발하기 바란다. 혹자는 '30분 이상 시간을 낭비하는 것은 사치다'라고 생각할지 모르지만 미리 도착해서 주변의 좋은 데이트 장소를 물색하거나 메뉴판을 미리 본다든지 아니면 좋은 자리를 미리 잡아 놓는다든지 한다면 30분 정도는 아깝지 않은 시간이 될 것이다. 그러므로 절대 늦지 말자.

5. 예산을 철저하게 세우자

요즘은 카드 사용이 보편화되어서 비용 때문에 문제 되는 일은 거의 없지만, 그래도 본인이 생각한 것보다 예산을 초과한다면 데이트하는 데 기분이 썩 좋지는 않을 것이다. 미리 사전 검색이나 답사를 통해서 얼마 정도의 데이트 비용이 소요되는지 알고 그에 맞추어 예산을 잡으면 비용 때문에 고민하지 않고 기분 좋은 데이트를 즐길 수 있을 것이다.

6. 반드시 인터넷이나 전화로 데이트 코스를 확인하자

과거 필자는 이런 적이 있다. 여자친구와 기분 좋게 데이트를 하려고 목적지에 도착하였으나 그날 하필이면 쉬는 날이었다. 그곳은 집과는 한참 떨어진 자동차로 1시간 거리였는데, 그날 아무것도 못하고 데이트를 망친 기억이 있다. 이런 상황은 의외로 빈번하게 발생한다. 예를 들면, 야외 놀이공원을 가려 하는데 비가 온다거나, 음식점이 휴일이거나 공사 중 아니면 아예 다른 곳으로 바뀌기도 한다. 또한 예약한 사람 이외에는 받지 않는다거나 사람이 너무 많아 대기시간이 1시간이 넘는 등 여러 가지 사유가 발생할 수 있다. 그러므로 인터넷 검색을 하거나, 전화로 반드시 확인을 하도록 하자.

7. 재미있는 대화거리를 준비하자

연애 초보가 가장 어려워하는 부분일 것이다. 처음 여자를 만나서 무슨 말을 어떻게 해야 하는지 모르겠다는 사람들이 대부분이다. 사실 여자와의 대화는 하루아침에 이루어지지 않는다. 수많은 사람들과 대화를 해봄으로써 이루어지는 것이 대화인데 한두 번 시도한다고 대화가 완성되지는 않는다. 그럼에도 불구하고 조금 재미난 대화를 하고 싶다면, 미리 데이트의 상황을 설정해서 연습하거나, 코미디프로에 나오는 멘트나 유머사이트에서 재미난 글이나 그림을 습득하는 것이 좋다. 대화를 하다 분위기가 다운될 때 준비한 것들을 쓰게 된다면 대화에 활력소가 될 것이다.

이외에도 준비할 사항은 여러 가지가 있을 테지만, 위의 사항을 잘 지킨다면 추억에 남을 만한 근사한 첫 데이트가 될 것이라 생각한다.

PART
01

여자를 유혹하는
맛집

001

카페 74

청담동에 위치한 럭셔리한 분위기의 카페 겸 레스토랑으로 테라스가 있어서 분위기가 매우 좋다.

주소 서울시 강남구 청담동 82-20
전화번호 02-542-7412
영업시간 11:00~02:00
주차 발레파킹(유료)
예산 40,000원 이상(2인 기준)
추천메뉴 와플, 브런치, 스파게티 종류
홈페이지 http://www.cafe74.co.kr/

상세 설명 및 데이트 팁

어둠이 깔리는 저녁에 테라스에서 연인과 함께 와인이나 차를 마신다면
마치 유럽의 어느 노천카페에 와 있는 듯한 느낌을 준다. 또한 낮에는 브런치를 즐기기에도 좋으며 맛도 훌륭하다.

화장실 가는 방향에 5개의 테이블이 일렬로 자리하고 있는데 연인끼리 가서 식사를 하기에 가장 좋은 곳이다. 다른 어느 위치보다도 분위기가 좋으며, 벽 쪽에 붙어있는 소파 자리에는 푹신한 쿠션도 있어서 그 어떤 자리보다도 여자들이 좋아한다. 그곳의 자리는 분위기가 좋아서 항상 만석이니 그 자리를 잡고 싶다면 약속시간 30분 전에 미리 가서 선점하는 것이 좋다.

여자를 사로잡는 분위기에서 식사와 데이트를 함께하고 싶다면 강력 추천한다.

고센

클래식하고 앤티크한 분위기로 오전에는 테라스에 앉아 간단히 브런치와 차를 마시기에 좋고, 초저녁에는 촛불을 켜고 분위기 있게 식사를 하기에 좋다.

주소 서울시 강남구 청담동 88-23
전화번호 02-515-1863
영업시간 11:30~06:00
주차 발레파킹(유료)
예산 40,000원 이상(2인 기준)
추천메뉴 스파게티, 리조또, 위스키, 와인
홈페이지 http://www.i-goshen.net

상세 설명 및 데이트 팁

청담동 '카페 74' 맞은편에 자리 잡고 있는 고센은 청담동 카페골목의 터줏대감으로 1992년에 최초로 문을 열었다. 특히 이곳은 새벽 6시까지 영업을 하는 관계로 저녁 늦게 연인끼리 분위기 좋은 곳을 찾을 때 갈 수 있는 최고의 장소라고 할 수 있다. 연예인들도 많이 찾으며 강남의 예쁜 여자들이 모이는 곳으로도 유명하다.

대부분의 식사메뉴가 맛있으며, 연인과 함께 식사든 술이든 무엇을 하든지 분위기가 좋은 곳이다. 주말 저녁에는 조금 붐비는 편이므로 조금 늦은 저녁에 가는 것이 좋다.

가격대는 조금 비싼 편이므로 넉넉히 예산을 정하고 가는 것이 좋으며, 위스키 같은 양주의 경우 킵(keep)을 해놓고 여러 번 마시는 게 오히려 예산을 절감할 수 있어 좋다. 술을 못 마셔도 분위기만으로 여자를 취하게 만들 수 있는 곳을 찾는다면 고센을 추천한다.

청담점 외에도 삼청동점과 용산점이 있다.

003

구름 카페

식사를 하기보다는 커피나 차를 마시면서 나란히 앉아 서로 이야기하며 한강 전경을 바라보기에 좋은 곳이다.

주소 서울시 서초구 반포동 1333-1
전화번호 02-3476-7999
영업시간 10:00~02:00
주차 가능(유료)
예산 15,000원 이상(2인 기준)
추천메뉴 커피, 차 등 음료수 종류
홈페이지 http://www.pckinvestment.com/goorm/

상세 설명 및 데이트 팁

동작대교에 유명한 카페 두 곳 중 하나인 구름 카페는 동작대교 동편에 위치한 카페로서 한강의 야경을 둘러보기에 매우 좋은 전망을 갖춘 곳이다. 맨 위층의 옥상에 올라가면 한강 전경을 볼 수도 있는데, 이곳에서 구경하거나 사진을 찍는 손님들도 많이 볼 수 있다.

전망이 좋은 자리는 항상 사람들이 차지하려고 하니 저녁 늦게 가서 차를 마시면서 전망을 구경하는 게 좋다. 저녁에 한강변을 드라이브하다 갈 곳이 없을 때 선택한다면 후회는 없을 것이다.

004 노을 카페

밤에 드라이브하다 한강을 바라보며 연인과 함께 차 한 잔 마시기에 딱 좋은 곳이다.

주소 서울시 서초구 동작동 316-3
전화번호 02-3481-6555
영업시간 10:00~02:00
주차 가능(유료)
예산 15,000원 이상(2인 기준)
추천메뉴 커피, 차 등 음료수 종류
홈페이지 http://www.pckinvestment.com/redsky/

상세 설명 및 데이트 팁

동작대교에 위치한 유명한 카페 중 한곳인 노을 카페는 동작대교 서편에 위치해 있다. 구름 카페와 비슷한 성격의 카페이며 역시 차를 마시며 야경을 구경하기에 좋은 곳이다. 전체적인 구조나 인테리어는 구름 카페와 비슷하며 여기도 역시 옥상이 있어 한강 전망을 보기에 좋다.

주차는 공영주차장을 이용하며 주차비용 부담도 비교적 적은 편이다. 더구나 밤 10시 이후에 이용한다면 무료 이용도 가능하다. 이곳에서 엘리베이터를 타면 바로 맞은편의 구름 카페로도 갈 수 있으며, 화장실 이용도 가능하다(카페 실내에는 화장실이 없음).

루카 511

좋아하는 연인에게 프러포즈를 하거나 호텔 수준의 격조 높은 음식을 맛보고 싶을 때 가면 좋은 곳이다.

주소 서울시 강남구 청담동 115-14
전화번호 02-540-6640
영업시간 10:00~23:00
주차 발레파킹(유료)
예산 60,000원 이상(2인 기준)
추천메뉴 파스타, 리조또, 스테이크 종류
홈페이지 http://blog.naver.com/luka511seoul

상세 설명 및 데이트 팁

루카 511을 말하면 대부분의 사람들은 그곳이 어디인지 모른다. 그 정도로 알려져 있지 않은 레스토랑이지만, 분위기와 맛만큼은 최고로 소수의 사람들만이 알고 있는 품격 있고 격조 높은 레스토랑이다.

이곳은 셰프로 유명한 양지훈 셰프가 헤드셰프로 있어서 어떤 메뉴의 어떤 음식을 시켜도 그 맛이 훌륭하다고 할 수 있다. 언뜻 보면 건물의 외관에서부터 여느 레스토랑과는 다른 느낌을 주는 것이 사실이다. 일반적인 레스토랑이기보다는 고대 그리스 양식의 건물에 클래식한 느낌의 인테리어는 레스토랑보다는 마치 웨딩 장소나 파티 장소가 아닐까 하는 느낌을 준다. 실제로 주말에는 웨딩 장소로도 많이 쓰이는데, 특히 야외 웨딩촬영도 겸하는 곳이어서 레스토랑 밖에서 건물을 구경하면서 사진을 찍기에도 좋다.

맛집 데이트 코스로도 훌륭한 레스토랑이지만, 맛과 분위기가 좋은 만큼 가격도 일반 레스토랑에 비해 높은 편이다.

006
리틀시안

동서양의 조화를 이루는 퓨전 전문 음식점으로 분위기 있는 인테리어가 인상적이다.

주소 서울시 서초구 반포동 19-3 신세계백화점 강남점 10층
전화번호 02-3479-1622
영업시간 11:00~22:00
주차 백화점에 주차
예산 30,000원 이상(2인 기준)
추천메뉴 프랑스 퓨전음식, 데리야끼, 볶음국수
홈페이지 없음

상세 설명 및 데이트 팁

 신세계 센트럴시티점 10층에 위치한 리틀시안은 10층의 전망 좋은 자리에 위치해 있어 서울 시내의 전망을 보며 분위기 있는 음식을 즐기고 싶을 때 가면 좋다.

 대부분의 음식 맛은 가격대비 무난한 편이며 전망이 좋은 창가 자리는 항상 사람들로 가득 차 있다. 창가 자리를 맡고 싶다면 약속시간 30분 전에 미리 도착해서 앉아 있는 것이 좋으며, 금요일 저녁이나 토요일 저녁에는 사람이 붐비기 때문에 피하는 것이 좋다.

 소개팅과 같은 서로 예의를 차리면서 무난하게 만날 수 있는 자리로 추천한다.

007 마노디셰프

이탈리안 음식과 와인 전문 레스토랑으로 맛과 분위기가 매우 훌륭하다.

주소 서울시 강남구 역삼동 825-18(캠브리지 빌딩) 지하 1층
전화번호 02-561-7111
영업시간 11:30~24:00
주차 발레파킹
예산 40,000원 이상(2인 기준)
추천메뉴 스테이크, 피자, 봉골레 스파게티
홈페이지 http://www.manodichef.co.kr/

상세 설명 및 데이트 팁

서울에 3개, 인천에 1개의 체인점이 있다. 대부분의 음식이 맛이 좋고 특히 스테이크 피자가 여성들에게 좋은 평가를 받는 편이다. 보통의 이탈리안 레스토랑에 가보면 낫보나는 인테리어에만 신경을 쓴 레스토랑이 많은데 이곳은 인테리어뿐만 아니라 음식 맛도 훌륭해서 여자들이 좋아하고 많이 찾는 편이다.

금요일, 토요일 저녁은 항상 손님들이 많아 대기시간이 긴 편이므로 반드시 예약을 하거나 주말 시간대는 피하는 것이 좋다.

음식 맛과 인테리어가 모두 훌륭한 레스토랑을 찾는다면 이곳을 추천한다. 당신의 여자도 좋아할 것이다.

008
매그놀리아

연인들끼리 들어갈 수 있는 룸으로 된 카페로 분위기가 좋다.

주소 서울시 강남구 역삼동 817-3
전화번호 02-568-3534
영업시간 12:00~24:00
주차 불가
예산 20,000원 이상(2인 기준)
추천메뉴 와플 종류
홈페이지 http://www.cafemagnolia.co.kr/

상세 설명 및 데이트 팁

강남역에서 분위기 좋은 좌식 룸 카페를 찾는다면 매그놀리아를 적극 추천한다. 이곳은 1층과 2층으로 되어 있는데 1층은 일반 카페처럼 평범하게 나무의자로 되어 있고, 2층은 룸 카페로 되어 있다. 2층에는 직원이 계속 상주하고 있어 주문을 할 때에도 오래 기다리거나 번거롭게 나가지 않아도 된다.

강남역에는 의외로 룸식 주점은 많으나 룸식 카페는 별로 없어 연인끼리 낮에 프라이버시가 존중되는 곳을 찾기가 어려운데 이곳은 낮에도 영업을 하므로 편안하게 커피나 와플을 먹고 싶을 때 찾으면 좋다.

단, 주말에는 시간초과 시 룸 차지(room charge)를 따로 받으므로 이 점을 유의해야 한다(기본 2시간 무료, 30분마다 2,000원 추가, 메뉴 추가 시 1시간씩 연장된다. 1인 1주문이 원칙).

009 바위소리

집주인이 수집한 옛날 골동품과 LP판들과 밖에 나가면 오래된 기차선로와 버스 그리고 여러 조형물들을 구경할 수 있다.

주소 경기도 의정부시 산곡동 552-2
전화번호 031-841-4411
영업시간 11:00~02:00
주차 가능(무료)
예산 40,000원 이상(2인 기준)
추천메뉴 피자, 돈가스
홈페이지 없음

상세 설명 및 데이트 팁

경기도 의정부에 있는 통나무 레스토랑으로 '꽃보다 남자' 촬영지로 유명세를 탄 곳이다. 특히 겨울에 가면 물이 얼어서 만들어진 얼음벽 폭포가 장관이라서 여름보다는 겨울에 가 보는 것을 권한다.

음식 맛은 평이하며, 야외로 드라이브를 나가서 오랜만에 도시를 벗어나 신선한 공기를 마시면서 자연과 함께 차와 음식을 맛보고 싶다면 적극 추천한다.

이 근처에는 '무명'이라는 비슷한 성격의 음식점도 있는데 가까운 곳에 위치하고 있어서 좋다.

무명
주소 경기도 의정부시 고산동 812(의정부교도소 근처)
전화 031-842-1643

010
무이무이

유리벽으로 둘러싸인 정원이 있어서 멋진 인테리어와 분위기를 즐길 수 있다.

주소 서울시 강남구 신사동 653-4
전화번호 02-515-3981
영업시간 11:00~24:00(1층), 18:00~02:00(2층)
주차 발레파킹
예산 40,000원 이상(2인 기준)
추천메뉴 무이무이 버거
홈페이지 없음

상세 설명 및 데이트 팁

이곳은 1층과 2층으로 되어 있는데 규모가 건물 한 채를 모두 다 사용할 만큼 매우 크다.

1층은 차와 음식을 파는 레스토랑이고, 2층은 막걸리를 파는 포차의 개념으로 운영하고 있다. 압구정 한복판에 있는 건물이라 가격이 비싼 게 흠인데 그 어느 곳보다 좋은 분위기를 자랑한다.

2층 포차는 테라스가 있어 새벽에 테라스 소파에 앉아 마시는 막걸리 한잔의 맛은 그 어떤 술맛보다 일품이다. 밤늦게 분위기 좋은 곳에서 연인과 함께 막걸리 한잔 마시고 싶을 때도 그만이다.

011 미즈컨테이너

좋은 맛과 분위기 때문에 항상 사람들이 줄 서 있을 정도로 인기가 좋다.

주소 서울시 서초구 서초동 1316-29
전화번호 02-536-5786
영업시간 11:00~02:00
주차 가능(유료)
예산 40,000원 이상(2인 기준)
추천메뉴 스파게티, 피자
홈페이지 http://mies-container.com

상세 설명 및 데이트 팁

대구가 본점인 미즈컨테이너는 대구에서 인기를 얻어 서울로 진출한 이 탈리안 레스토랑인데 보통 대기시간이 30분에서 1시간 정도 걸린다. 그렇기 때문에 사람이 붐비는 점심시간이나 서녁시간은 추천하지 않는다(이곳은 평일도 많이 기다린다).

사람이 너무 많아 시끄러울 수도 있으므로 연인끼리 갈 때는 절대 붐비는 시간대에 가지 않는 것이 좋다.

이곳에 저녁 10시 넘어서 간다면 거의 기다리지 않고 조용한 분위기에서 맛있는 음식을 맛볼 수 있다. 종업원들이 매우 친절하며 활기찬 것이 특징이다.

012 바피아노

요리사가 직접 요리하는 모습을 보면서 음식을 즐길 수 있는 이색적인 데이트 장소이다.

주소 서울시 서초구 서초동 1317-16 2층
전화번호 02-533-2013
영업시간 11:00~10:30(금~토 새벽 1시까지)
주차 건물지하 주차 가능
예산 40,000원 이상(2인 기준)
추천메뉴 스파게티, 피자, 리조또
홈페이지 http://www.vapiano.kr/

상세 설명 및 데이트 팁

전 세계 40개국 140개의 거대 체인을 가진 레스토랑으로 우리나라에는 강남역 지점을 비롯해 총 4개 지점의 체인이 있다. 이 레스토랑의 장점은 가격이 일반 이탈리안 레스토랑에 비해 저렴하며, 요리하는 모습을 직접 보면서 맛볼 수 있다. 특히 생면을 이용한 파스타 요리를 선보여 식감도 매우 뛰어나다. 대부분의 메뉴가 맛이 좋으며, 독일에서 직접 공수해 오는 빵맛도 일품이다.

이곳은 지급되는 카드를 이용해서 주문하는 셀프 카드 주문 시스템이므로 반드시 여자와 데이트를 하기 전에 미리 한 번 가보고 시스템을 이해하는 것이 좋다(잘 몰라서 우왕좌왕하다가는 여자한테 점수가 깎일 수 있으므로 주의).

테라스 있는 쪽의 분위기가 가장 좋다. 연인이 함께 앉기에 강력 추천하는 자리이다.

013
스타시티 레스토랑

서울의 한강 야경이 그림같이 펼쳐져 있는 곳이다.

주소 서울시 강동구 천호동 469-1 7층
전화번호 02-488-2042
영업시간 13:00~03:00
주차 건물지하 주차 가능
예산 40,000원 이상(2인 기준)
추천메뉴 스파게티, 리조또
홈페이지 없음

상세 설명 및 데이트 팁

이곳은 10층짜리 빌딩으로 건물 전체가 유리로 되어 있어서 밤에 야경을 즐기기에 매우 좋다. 전망이 좋은 창가 쪽 자리는 항상 만석이므로 이 자리를 차지하고 싶다면 저녁 늦게 방문하는 것이 좋다.

7층에 위치한 스타시티 레스토랑 말고도 모든 층이 음식점인데 그중에서도 7층의 스타시티 레스토랑의 분위기가 가장 좋다.

9층에 위치한 실내 포장마차인 왕대포도 가볼 만한 곳인데 이곳은 복층으로 되어 있어서 색다른 분위기를 느낄 수 있다. 입구에는 연예인들이 방문했다는 사인들로 가득하다. 왕대포 포장마차 영업시간은 새벽 5시까지 하므로 참고하면 좋을 듯하다.

014
아실라

몽환적인 느낌의 인테리어는 마치 외국의 음식점을 방문한 듯한 느낌을 준다.

주소 서울시 강남구 역삼동 817-35 지하 1층(파빌리온 빌딩)
전화번호 02-508-4665
영업시간 11:30~02:00
주차 가능(유료)
예산 40,000원 이상(2인 기준)
추천메뉴 스파게티, 리조또
홈페이지 http://www.asilah.co.kr/

상세 설명 및 데이트 팁

모로코 왕국이 콘셉트인 좌식 와인 레스토랑이다. 각각 개별 룸으로 되어 있어 사생활 보호에도 적격이다. 대부분의 좌석은 테이블식으로 되어 있으며(좌식 개별 룸 레스토랑을 원하면서 신발을 벗지 않는 곳을 찾을 때는 아실라를 추천한다) 방의 개수가 많아 예약 없이도 여유 있게 이용할 수 있다는 것이 장점이다(하지만 만일을 대비해 미리 전화를 하도록 하자).

음식의 맛도 훌륭해 스파게티나 리조또 등 어느 음식을 시켜도 만족할 것이다. 연인과 함께 사생활이 보호되는 이국적인 분위기에서 맛있는 음식과 술을 한잔 하고 싶을 때 추천한다.

비슷한 분위기의 레스토랑으로는 라바트(Rabat)가 있다.

015
라바트

신발을 벗고 들어가야 하는 좌식 룸으로 편안하게 앉아서 술과 음식을 즐길 수 있다.

주소 서울시 강남구 역삼동 821-1 이즈타워 지하 2층
전화번호 02-561-3665
영업시간 17:00~01:00
주차 가능
예산 40,000원 이상(2인 기준)
추천메뉴 파스타, 리조또
홈페이지 http://www.rabat.co.kr/

상세 설명 및 데이트 팁

앞서 소개한 레스토랑인 아실라와 비슷한 콘셉트를 지닌 모로코 풍의 좌식 와인 레스토랑이다. 얼핏 보면 아실라와 별다르지 않은 분위기에 좌식 개별 룸으로 되어 있는데 가장 큰 차이점은 아실라는 테이블식인 데 비해 이곳은 신발을 벗고 들어가야 하는 좌식이라는 것이다.

라바트는 강남역뿐만 아니라 압구정점, 분당 정자점 등 3개의 체인점을 가지고 있으며 분위기는 모두 비슷하다. 강남점은 지하철 강남역 11번 출구와 바로 연결되어 있어 지상으로 나가지 않고 바로 들어갈 수 있다.

주말이나 공휴일 또는 가장 사람이 많이 붐비는 시간대인 저녁 7시 전후로 해서는 반드시 예약을 해야 자리를 잡을 수 있다. 아래층에는 '아이 해브 어 드림'이라는 레스토랑이 있는데 그곳도 가볼 만하다.

016 아이 해브 어 드림

DJ와 공연을 관람할 수 있는 무대가 있어 다른 레스토랑과는 차별화된 느낌을 준다.

주소 서울시 강남구 역삼동 821-1 이즈타워 지하 3층
전화번호 02-3453-7697
영업시간 11:30~02:00
주차 가능
예산 40,000원 이상(2인 기준)
추천메뉴 신선로 파스타, 딸기 피자
홈페이지 http://cafe.naver.com/ihaveadream2007

상세 설명 및 데이트 팁

강남역에서 여자들이 가장 좋아하는 분위기에 가장 맛있는 음식을 먹을 수 있는 레스토랑을 꼽자면 필자는 주저 없이 이곳을 꼽는다. 뮤지컬을 전공하신 사상님이 직접 하나하나 인테리어를 하신 곳이라 그 어떤 곳보다도 분위기가 좋다. 실내는 복층으로 되어 있어 위에서도 아래를 바라보며 공연을 관람할 수 있는 구조로 되어 있다.

이곳의 음식 맛 또한 정평이 나 있는데 신선로 파스타나 딸기 피자, 와인 빙수 등은 이 집의 대표적인 메뉴로, 멀리 일본에까지 소문난 맛집이기도 하다.

손님의 70% 이상은 여성 손님들이며, 그만큼 여성들에게 검증된 맛집이기도 하다. 인기 있는 곳이니만큼 항상 대기하는 손님들로 만석이며, 주말 예약은 필수이다. 기다리는 것을 싫어한다면 평일에 가거나 늦은 저녁 9시 이후에 가는 것을 추천한다.

017
올라

백운호수에 있는 1호점과 2호점은 호수를 바라보는 산속에 위치하고 있어 자연과 더불어 숲속에서 식사를 하는 느낌이 든다.

주소 서울시 서초구 잠원동 70-1(뉴코아아울렛 1층)
전화번호 02-593-9003
영업시간 11:00~23:00
주차 가능
예산 40,000원 이상(2인 기준)
추천메뉴 파스타, 리조또
홈페이지 http://www.ola.kr

상세 설명 및 데이트 팁

본점이 백운호수에 있는 이탈리안 레스토랑으로 서울 시내에도 여러 곳의 체인점이 있다.

파스타나 리조또 대부분이 맛이 있으며 서울에 있는 분점은 어두운 분위기의 조명과 인테리어가 고급스럽게 느껴진다. 가족단위의 방문객들도 많으며 주말에는 붐비기 때문에 이 시간대를 피하거나 예약을 하는 것이 좋다. 특히 백운호수점은 항상 사람이 붐비므로 예약은 필수사항이다.

총 7호점까지 있으며 최근에는 빵을 파는 '줄리엔 제임스'를 오픈하였다.

018

요요마의 키친

클래식한 분위기로 마치 중세 유럽을 보는 것 같다.

주소 서울시 서초구 서초동 1451-38(정주빌딩 1층)
전화번호 02-525-9421
영업시간 17:00~01:00
주차 가능
예산 40,000원 이상(2인 기준)
추천메뉴 파스타, 리조또
홈페이지 http://blog.naver.com/shinia1

상세 설명 및 데이트 팁

양재 예술의 전당 인근에 있는 레스토랑으로 악기상과 함께 운영되고 있는 레스토랑이다. 클래식한 피아노와 가게 천장에 달려있는 바이올린이 이색적인 분위기를 자아낸다. 다른 모던한 이탈리안 레스토랑과 달리 오래된 클래식한 분위기의 레스토랑을 찾는다면 이곳을 추천한다.

대체적으로 대부분의 음식들이 맛이 좋으며 항상 사람들로 붐비므로 주말보다는 평일이나 일요일 저녁이 더 좋다. 최근엔 2호점도 개점하였으므로 두 군데 다 가보는 것도 색다른 재미를 제공한다.

기존의 모던한 인테리어의 이탈리안 레스토랑에 질렸다면, 클래식한 분위기의 레스토랑인 요요마의 키친을 추천한다.

019
우바

낮에는 가볍게 차와 음료수를 즐길 수 있으며, 밤에는 클럽음악과 함께 안주와 주류를 즐길 수 있다.

주소 서울시 광진구 광장동 21(워커힐 호텔 1층)
전화번호 02-2022-0333
영업시간 10:00~01:00
주차 가능
예산 40,000원 이상(2인 기준)
추천메뉴 음료수, 치킨, 칵테일
홈페이지 http://www.wseoul.com/

상세 설명 및 데이트 팁

서울의 동쪽 끝에 위치한 쉐라톤 워커힐 호텔 안에 위치한 우바는 기존의 클래식한 스타일의 호텔 바와는 다르게 모던 스타일의 럭셔리한 인테리어가 눈에 띈다. 우바의 전체적인 디자인은 뉴욕의 디자인 스튜디오 '가이아'에서 했으며 세계적인 미디어 아트 갤러리인 '비트폼' 갤러리의 작품들이 있으며 저녁에는 클럽음악을 들려주는 UFO 모양의 DJ 부스가 인상적이다.

우바는 우리나라에서 가장 긴 18미터의 바를 가지고 있으며, 테이블 좌석은 보통의 바와는 달리 스포츠 경기장과 비슷하게 계단식으로 되어 있어 위에서 아래를 내려다볼 수 있는 구조이다. 특히 인기가 많은 창가 쪽 자리에서는 시원스럽게 한강을 내려다볼 수 있는데 이 자리는 항상 만석이라는 것이 아쉽다.

호텔 바이니만큼 가격이 비싸다는 것이 단점인데 보통 음료수 하나가 1만 원 이상 하며, 치킨 같은 경우는 5만 원 이상이다. 저녁에는 세트메뉴를 시켜야만 앉을 수 있는 자리가 따로 있는데 보통 세트메뉴는 최소 30만 원 이상 하는 것이 단점이다. 하지만 최고의 분위기로서 필자가 적극 추천하는 곳이다.

촛불 1978

프러포즈를 위한 레스토랑으로 매우 유명하며 프러포즈를 위한 룸이 준비되어 있어 미리 전화로 예약할 수 있다.

주소 서울시 중구 예장동 8-38
전화번호 02-757-1978
영업시간 11:30~14:30, 17:00-23:30
주차 발레파킹
예산 50,000원 이상(2인 기준)
추천메뉴 파스타, 스테이크
홈페이지 http://www.candle1978.com/

상세 설명 및 데이트 팁

남산 소월길에 위치한 레스토랑으로 1978년 오픈했다. 이곳에서는 지금까지 수많은 연예인들이 프러포즈를 위해 방문한 것으로도 유명한데 그러한 유명세를 따라 일반인들도 프러포즈를 많이 한다. 모든 테이블이 칸막이로 되어 있으며, 약간 비싸기는 하지만 대부분의 음식 맛이 좋다.

현재는 리모델링 중이며 2013년 말에 오픈 예정이다. 어떤 모습으로 오픈할지 기대가 되는데 예전의 명성은 그대로 이어질 것으로 본다.

021 카페오라

을왕리 바다 쪽 창가 자리는 최고의 명당으로 유명한데 어둑해진 저녁에 그 경치를 바라보면 감탄할 만하다.

주소 인천시 중구 을왕동 773-61
전화번호 032-752-0888
영업시간 10:00~23:00
주차 발레파킹(무료)
예산 40,000원 이상(2인 기준)
추천메뉴 파스타, 샌드위치, 팥빙수
홈페이지 http://www.caffeora.com/

상세 설명 및 데이트 팁

영종도에서 가장 전망 좋고 분위기 좋은 레스토랑을 찾는다면 이곳 '카페오라'를 강력 추천한다. 산의 중턱에 자리 잡은 이곳은 차를 타고 경사진 도로를 올라가는 길에서부터 설레게 만든다. 도로의 끝에 위치한 웅장한 건물은 2009년 한국 건축문화 대상을 받은 건물로 700평 규모의 넓은 면적을 자랑한다.

주차장을 지나 엘리베이터를 타고 위층에 도착하면 바로 레스토랑이 나오는데 이곳은 주로 연인보다는 가족 단위 손님들이 많고, 계단을 타고 올라가면 전망 좋은 층이 나온다. 바로 이곳이 연인들이 앉기에 좋은 자리이다.

이곳은 항상 자리가 붐비므로 평일 저녁이나 낮에 방문하길 추천한다. 주말 저녁은 주차할 자리가 없을 정도이다. 굳이 주말 저녁에 가길 원한다면 밤 9시 이후에 가는 것이 좋다.

캐슬 프라하

체코식 하우스 맥주를 파는 곳으로 우리나라에서는 보기 드물게 체코 맥주를 먹을 수 있다.

주소 서울시 마포구 서교동 395-19
전화번호 02-337-6644
영업시간 16:00~01:00
주차 불가
예산 40,000원 이상(2인 기준)
추천메뉴 체코맥주
홈페이지 http://castlepraha.co.kr/new/home/

상세 설명 및 데이트 팁

홍익대학교 근처에 위치한 이곳은 건물 겉모습만으로도 눈길을 끌기에 충분할 정도로 매력적인데 캐슬 프라하의 이름처럼 건물이 중세의 성과 같이 지어졌다. 건물의 겉모습만 보고도 '서울 한복판에 이렇게 아름다운 건물이 있지? 도대체 무엇을 하는 곳일까?' 하고 호기심을 자아낼 정도로 강력한 끌림이 있는 곳이다.

이 건물에 위치한 맥주 전문점인 캐슬 프라하는 체코식 하우스 맥주를 파는 곳이다. 또한 1층에는 기프트숍이 있어 이곳에서 쇼핑을 하는 것도 또 하나의 즐거움이다.

023

커피벨

여자친구와 함께 호텔급의 럭셔리한 룸에서 커피 한잔을 마시면서 휴식을 취할 수 있다.

주소 인천 남동구 구월동 1466 동남빌딩 2층
전화번호 032-422-8828
영업시간 24시간
주차 가능
예산 20,000원 이상(2인 기준)
추천메뉴 카페라떼, 팥빙수, 샌드위치
홈페이지 http://www.coffee-belle.com/

상세 설명 및 데이트 팁

인천 구월동을 시작으로 전국에 체인점이 있는 커피벨은 고급스러운 인테리어와 사생활이 보호되는 개별 룸이 특징적이다. 여느 커피숍과 달리 럭셔리한 인테리어가 여성들의 마음을 사로잡는데 룸 중에는 좌식 룸도 있어 연인끼리 휴식을 즐기기에도 좋은 환경을 제공한다. 특히 바리스타 자격증을 가진 직원들이 만드는 커피는 그 품질과 맛이 우수하며 기타 다른 메뉴도 좋은 맛을 자랑한다.

인천 구월동이 본점이라 특이하게 인천과 부천에 지점이 많은데 서울에는 천호점 단 한 곳뿐이다. 그 외 성남과 천안, 의정부, 안산, 분당점이 있다.

커피벨과 유사한 업체로는 '커피향'이 있는데 산본에 있으며 주소는 아래와 같다.

주소 경기도 군포시 산본동 1141-1 청진빌딩 3,4층
전화 031-391-0709
홈페이지 http://www.카페향.kr

패션 5

고급스런 전문 디저트 카페로 프랑스풍의 인테리어와 가구들로 여자들에게 인기가 많다.

주소 서울시 용산구 한남동 729-74
전화번호 02-2071-9505
영업시간 07:30~21:00
주차 발레파킹(1시간 30분 무료)
예산 30,000원 이상(2인 기준)
추천메뉴 빵, 푸딩, 주스, 샐러드
홈페이지 없음

상세 설명 및 데이트 팁

서울 이태원에 위치한 고급 디저트 카페로서 베스킨라빈스와 파리바게트로 유명한 SPC 그룹이 만든 고급스런 전문 디저트 카페이다.

일단 겉에서 보면 간판도 없고 그냥 디자인만 좋은 건물이 있어 이게 무슨 건물인지 의심스럽기만 한데, 이 건물은 전체가 빵과 디저트 음식을 파는 종합 레스토랑으로 1층은 주로 파리크라상에서 만드는 고급 제빵 종류와 초콜릿, 쿠키 등을 구매가능하며, 2층은 일반적인 식사와 음료가 가능하다.

만약 여자친구와 단둘이 조용하게 음식을 먹으면서 분위기를 즐기고 싶다면 지하 1층을 강력 추천한다. 이곳은 사람들에게 잘 알려지지 않아서 찾는 사람도 거의 없기 때문에 조용히 이야기하면서 음식을 즐기기에 좋은 장소이다. 해외 유명 잡지에도 소개된 곳으로 여자친구와 함께 꼭 가보길 바란다.

025
품앗이

모든 음식점이 문을 닫은 새벽에 여자친구와 막걸리 한잔에 맛있는 안주를 먹을 수 있다.

주소 서울시 강남구 논현동 163-12
전화번호 02-516-8146
영업시간 24시간
주차 불가
예산 30,000원 이상(2인 기준)
추천메뉴 모듬전
홈페이지 없음

상세 설명 및 데이트 팁

강남구 논현동에는 유독 24시간 오픈하는 음식점들이 많다. 지역의 특성상 24시간 내내 손님들이 많기 때문이다. 그중에서도 맛도 좋고 분위기도 좋은 민속주점을 꼽자면 논현동 품잇이를 꼽을 수 있겠다.

특히 이곳은 양도 푸짐한 맛집으로 소문나서 영업시간 내내 손님이 끊임없이 이어진다. 밖에서 볼 때와 달리 막상 안으로 들어가면 많은 좌석이 있어 기다릴 때가 거의 없다. 대신 새벽 1, 2시에 가도 사람들이 북적북적 대는 것이 특징이다.

단, 주차장이 없으므로 이 점을 고려해야 한다.

026 꽃과 어린왕자

매일 저녁 라이브 공연을 하며 양식과 한식 모두 즐길 수 있는 전원 레스토랑이다.

주소 경기도 남양주시 별내면 용암리 421
전화번호 031-841-1139
영업시간 11:00~02:00
주차 가능
예산 40,000원 이상(2인 기준)
추천메뉴 돈가스, 볶음밥
홈페이지 http://www.prince1997.com/

상세 설명 및 데이트 팁

유명 자동차가 테마로 야외에 전시되어 있는 레스토랑으로 현대식 스포츠카와 더불어 클래식한 자동차들도 볼 수 있다. 안쪽에는 물이 흐르는 작은 연못이 있어 산책을 즐길 수 있으며, 야외 테이블에 앉아 차나 음료를 즐길 수도 있다. 작게나마 동물 사육장도 있어 원숭이나 말들도 구경할 수 있다.

자동차에 관심 있는 연인들이라면 야외 드라이브도 겸해서 한번 들러 보면 좋다.

027 꽃물

인도식 좌식 카페를 콘셉트로 만든 와인카페로 개별 룸으로 되어 있으며 몽환스러운 분위기를 자아낸다.

주소 서울시 종로구 관철동 32-5
전화번호 02-730-3022
영업시간 12:00~05:00
주차 불가
예산 40,000원 이상(2인 기준)
추천메뉴 꽃물 코스요리, 해물 파스타
홈페이지 http://blog.naver.com/wham95/

상세 설명 및 데이트 팁

이곳은 다른 좌식 카페와 달리 입구에서부터 신발을 벗고 입장이 가능하며, 안으로 들어서면 한가운데에 물이 흐르는 작은 연못이 있고 촛불과 조명은 신비스럽고 은은한 분위기를 만들어 낸다.

룸마다 방석과 쿠션이 있어 편안한 분위기에서 연인과 함께 식사와 술을 즐길 수 있으며, 룸 입구는 커튼식으로 되어 있어서 철저한 사생활 보호도 가능하다. 룸마다 켜져 있는 촛불은 좀 더 분위기 있고, 맛있는 식사를 가능하게 해준다.

이곳 외에도 서울, 경기 지역에 여러 곳의 체인점이 있으며, 통합 홈페이지는 없지만 인터넷을 검색해 보면 나오므로 찾아보기 바란다.

028
리버

예쁘게 꾸며진 정원과 한강으로 연결되는 팔당호가 있어 보기 좋은 풍경을 연출한다.

주소 경기도 하남시 미사동 395-3
전화번호 031-791-2991
영업시간 11:00~01:00
주차 가능
예산 40,000원 이상(2인 기준)
추천메뉴 파스타, 해물 필라프
홈페이지 없음

상세 설명 및 데이트 팁

미사리 하면 카페촌으로 유명한데 보통 사람들은 큰길 가에 있는 카페만을 찾아가는 것이 일반적이다. 지금 소개하는 리버는 미사리에 있지만 많이 구석진 곳에 있어서 보통 사람들은 전혀 모르는 연인들만의 비밀장소로 애용하기 좋다.

미사리 카페촌과 미사리 조정경기장 사이로 들어가서 계속 직진하다 보면 거의 막다른 골목에 들어가서 리버 레스트랑 표지판이 나온다.

보기에도 외진 곳이라 사람들이 잘 모르는 곳으로 2층의 전망 좋은 창가 쪽 자리는 항상 만석이라 사람이 없는 한가한 시간대에 가야 차지할 수 있다.

이곳은 야경도 좋은데 늦은 저녁에 가면 한강을 따라 예쁜 가로등이 켜져 있어 산책하면서 야경을 즐기기에도 좋다.

029 봉주르

봉주르 앞에 위치한 기찻길과 호수는 사진을 찍거나 산책하기에 좋으며 겨울에는 모닥불을 피워놓고 고구마를 구워 먹으며 추억을 만들 수 있다.

주소 경기도 남양주시 조안면 능내리 산 68-3
전화번호 031-576-7711
영업시간 10:00~05:00
주차 가능
예산 30,000원 이상(2인 기준)
추천메뉴 고추장 삼겹살, 산채비빔밥
홈페이지 http://cafe.daum.net/bonjourcafe/

상세 설명 및 데이트 팁

서울에서 가장 인기 있는 명소 중의 하나인 봉주르는 서울 외곽지역인 경기도 남양주에 위치하고 있다. 서울에서 약 20분 정도 차를 타고 나오는 이곳은 팔당댐을 지나서 있는데 서울 근교를 드라이브 겸해서 들르면 좋은 곳이다.

인기가 좋은 만큼 넓은 주차장을 구비했음에도 불구하고 주말에는 차를 댈 곳이 없을 정도이다. 보통 식사시간이나 주말 저녁시간이 피크이므로 이때는 되도록 피하는 것이 좋다. 예약은 받지 않으니 그 시간대를 피해서 간다면 여유 있게 즐길 수 있다.

추천하는 시간대는 저녁 10시 이후이다. 더구나 여기는 휴일 없이 새벽 5시까지 영업을 하기 때문에 12시 넘어서 갈 곳이 없을 때 서울 외곽 드라이브를 하면서 즐기기에 좋다.

빌라 드 스파이시

즉석떡볶이를 파는 곳이지만 고급스러운 패션을 테마로 한 인테리어로 연인들 사이에서 인기가 높다.

주소 서울시 강남구 신사동 541-10
전화번호 02-518-1973
영업시간 11:00~22:00
주차 발레파킹
예산 20,000원 이상(2인 기준)
추천메뉴 즉석떡볶이와 각종 토핑
홈페이지 http://www.villadespicy.com/version2/

상세 설명 및 데이트 팁

연인들의 쇼핑과 데이트 장소로 인기 높은 신사 가로수길에 위치한 이곳은 이탈리안 레스토랑과 PUB가 많은 가운데서도 특이하게 즉석 떡볶이를 판다. 즉석떡볶이 하면 보통 신당동 떡볶이를 생각할 수 있는데 형식은 비슷하나 신사동 가로수길에 위치한만큼 좀 더 고급스럽다. 12가지의 토핑은 떡볶이 주문 시 고를 수 있으며 매운맛의 강도도 선택 주문이 가능하다.

연인들이 가장 선호하는 자리는 창가 쪽 하얀색 천이 덮인 나무와 쿠션으로 되어 있는 곳인데 여자들이 가장 좋아하는 자리이다. 이 자리는 항상 만석이므로 붐비지 않는 시간대에 가야 한다.

강남, 명동, 홍대, 분당 등에 체인점을 개설할 예정이며 일부 지역에서는 배달 주문도 가능하다.

031
삐에로 스트라이크

다른 볼링장과 달리 어둡고 화려한 조명 아래에서 하는 게임은 색다른 느낌을 준다.

주소 서울시 강남구 청담동 85-4
전화번호 02-6007-8889
영업시간 18:00~03:00
주차 발레파킹
예산 40,000원 이상(2인 기준)
추천메뉴 맥주, 볼링게임
홈페이지 http://www.pierrotstrike.co.kr/

상세 설명 및 데이트 팁

청담 압구정에서는 유명한 곳으로 술과 음료, 식사는 물론 다트게임과 포켓볼, 볼링 등을 즐길 수 있는 곳이다. 이처럼 넓고 분위기 좋은 공간에서 연인이나 친구끼리 술과 함께 각종 게임을 즐길 수 있는 장소는 이곳이 유일무이하다.

연인이나 친구들끼리는 주로 볼링게임을 하는데 저녁에는 항상 사람이 많아 조금 대기를 해야 한다. 일반적인 게임 비용은 약간 비싼 편이지만 새벽 3시까지 영업하므로 밤늦은 시간에 연인끼리 갈 곳이 없을 때 볼링도 하면서 음식을 즐기기에 좋다.

032 왈츠와 닥터만

북한강변이 바로 내려다보이는 경치 좋은 곳에 위치해 있어서 야외로 드라이브하면서 커피를 즐기기에 좋다.

주소 경기도 남양주시 조안면 삼봉리 272-6
전화번호 031-576-0020
영업시간 10:30~23:00
주차 가능
예산 20,000원 이상(2인 기준)
추천메뉴 커피, 치즈케이크
홈페이지 http://www.wndcof.com/

상세 설명 및 데이트 팁

서울에서 조금 벗어난 경기도 남양주에 위치한 커피 전문점 및 박물관으로 경치 좋은 곳에서 연인과 함께 커피 한잔을 즐기기에 좋은 곳이다. 1층과 2층으로 나누어져 있는데 1층은 일반적인 커피와 음식을 파는 공간이고, 2층은 커피 박물관으로 쓰인다. 커피 박물관은 입장료가 있으니 커피에 관심이 많은 사람들이라면 한번 가보길 추천한다.

1층의 창가나 테라스에서 북한강변을 바라보면서 마시는 커피는 도심을 벗어나 여유로움을 즐기기에 충분하다. 연인끼리 도심을 벗어나 경치 좋은 곳에서 커피를 한잔 하고 싶을 때 꼭 가보길 추천한다.

033
취연

어둡고 신비스러운 분위기와 잔잔하게 들려오는 물소리, 은은하게 퍼지는 아로마 향초의 조화가 매력적이다.

주소 서울시 마포구 서교동 408-27
전화번호 02-325-7364
영업시간 18:00~03:00
주차 가능(전화 예약 필수)
예산 20,000원 이상(2인 기준)
추천메뉴 치킨, 퐁듀
홈페이지 http://www.moodcafe.co.kr/

상세 설명 및 데이트 팁

앞서 소개된 인도식 좌식 룸 카페인 '꽃물'과 비슷한 느낌의 인도식 좌식 카페로서 어둡고 신비스러운 분위기와 아로마 향이 매력적인 조화를 이루는 곳이다.

이곳의 인기메뉴는 치킨과 퐁듀인데 특히 초콜릿에 찍어 먹는 초콜릿 퐁듀는 달달함에 여성들에게 인기가 좋다.

전국에 체인점이 있으므로 홈페이지를 확인하고 가보도록 하자.

034 치폴라 로쏘

'붉은색 양파'라는 뜻의 치폴라 로쏘는 그 이름에 맞게 어두운 분위기에 붉은색이 들어간 인테리어로 차분하면서 고급스러운 느낌을 준다.

주소 서울시 강남구 삼성동 91-25 코디센 빌딩 지하 2층
전화번호 02-512-1274
영업시간 11:30~24:00
주차 발레파킹
예산 40,000원 이상(2인 기준)
추천메뉴 크린베리 피자, 빠네
홈페이지 http://www.cipollarosso.com/index/

상세 설명 및 데이트 팁

교촌치킨으로 유명한 교촌푸드에서 새롭게 만든 이탈리안 와인 레스토랑으로 서울을 비롯해 전국에 체인망이 있는 고급 레스토랑이다.

서울 삼성동의 본점을 시작으로 전국에 체인점이 있는 치폴라 로쏘는 분위기도 좋고 가격대비 맛이 훌륭한 편이다. 이곳의 유명 메뉴인 '스위트 크림 크린베리 피자'는 달콤한 맛 때문에 이것을 먹으러 여길 왔다고 할 정도로 폭발적인 인기를 자랑한다.

홈페이지를 통해 가끔 이벤트나 쿠폰도 발행하므로 미리 살펴보고 간다면 많은 할인혜택을 받을 수 있다.

035
코나빈스

하와이 콘셉트로 꾸며져서 이국적인 분위기가 느껴지는 커피 전문점이다.

주소 서울시 강남구 역삼동 678-35
전화번호 02-555-0069
영업시간 24시간
주차 불가
예산 15,000원 이상(2인 기준)
추천메뉴 커피, 음료수
홈페이지 http://www.konabeans.co.kr/

상세 설명 및 데이트 팁

세계 3대 명품 커피의 하나인 하와이 100% 코나커피를 한국에 최초로 소개하며 유명해졌다.

보통의 커피 전문점이 모던한 스타일의 디자인으로 대부분 딱딱한 나무의자로 되어 있는 데 비해 이곳은 푹신한 의자로 되어 있어서 연인끼리 장시간 앉아서 대화를 나누기에도 좋은 장소이다.

특히 서울 일부 지역의 지점은 24시간 영업을 하므로 연인끼리 밤늦게 마땅히 갈 곳이 없을 때 방문해서 음료수나 커피를 즐기기에도 좋다.

036 적우

푹신한 매트가 깔려져 있어 연인끼리 편안하게 누워서 휴식을 취하기에 좋은 환경을 제공한다.

주소 서울시 광진구 화양동 11-10
전화번호 02-468-1478
영업시간 18:00~03:00
주차 불가
예산 15,000원 이상(2인 기준)
추천메뉴 칵테일, 맥주
홈페이지 없음

상세 설명 및 데이트 팁

앞서 소개한 '꽃물'과 '취연' 같은 인도식 좌식 바로 건대입구역에 위치해 있다.

대부분의 좌식 바가 그렇듯 이곳 역시 들어시면 가운데에 촛불이 켜져 있는 작은 연못이 있고, 주변으로 커튼이 쳐진 개별 룸이 하나씩 있는 구조이다. 이곳이 다른 좌식 바와 크게 다른 점은 바닥이 딱딱한 콘크리트로 되어 있지 않고 푹신푹신하게 매트가 깔려 있다.

특히 이곳에는 가게 주인이 기르는 고양이 샤샤가 있는데 귀엽고 애교도 많아 손님들에게 인기가 좋다.

037
꼬르소 꼬모

북카페와 갤러리 컬렉션 스토어도 함께 운영하기 때문에 연인과 방문 시 많은 볼거리를 제공한다.

주소 서울시 강남구 청담동 79 트리니티 빌딩 지하 1층
전화번호 070-7098-0010
영업시간 10:30~23:00
주차 발레파킹
예산 30,000원 이상(2인 기준)
추천메뉴 파스타, 아이스크림
홈페이지 http://www.10corsocomo.co.kr

상세 설명 및 데이트 팁

컬렉션 스토어와 북스토어, 갤러리, 레스토랑, 카페가 어우러진 복합 문화공간으로 이탈리아 밀라노에서 처음 선보인 곳으로 우리나라와 동경, 이렇게 전 세계적으로 세 군데가 있다.

칸막이가 있는 원형의 개별 테이블 구조로 되어 있어서 연인끼리 앉아서 식사나 음료를 즐기기에 좋다. 대부분의 음식 맛이 훌륭해서 그만큼 가격대가 비싼 편이라 자주 가기에는 부담스럽겠지만, 가끔 특별한 날에 구경도 하고 맛있는 음식도 즐길 겸해서 방문하면 좋다.

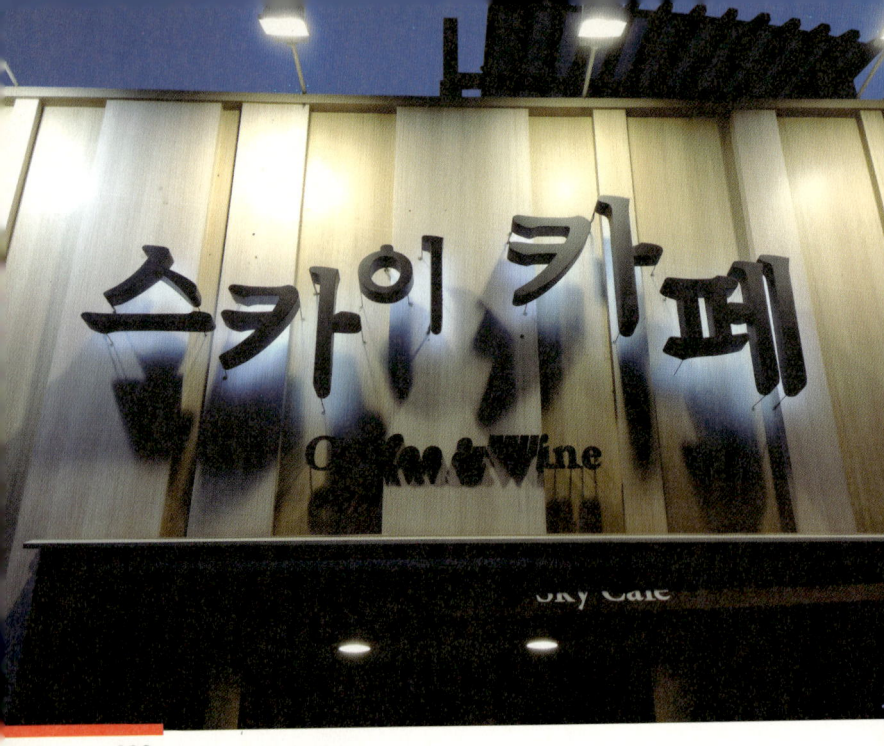

038 스카이 카페

원목의 아늑함과 현대적 디자인의 실내 인테리어는 충분히 여심을 사로잡을 수 있을 만큼 근사하다.

주소 서울시 종로구 평창동 산 6-17
전화번호 02-725-6602
영업시간 11:00~23:00
주차 가능
예산 15,000원 이상(2인 기준)
추천메뉴 커피, 음료수
홈페이지 http://bukak-palgakjeong.tistory.com/

상세 설명 및 데이트 팁

 북악 팔각정에 위치한 와인과 커피 전용 카페이다. 서울의 3대 명소를 꼽자면 남산, 광화문, 그리고 북악 스카이웨이가 있다. 이곳은 드라이브 코스로도 유명한데 북악산을 따라가다 보면 가장 높은 곳에 북악 팔각정이 보인다.

 그곳 지하 1층에 위치한 스카이 카페는 연인들이 도심에서 드라이브를 즐긴 후에 커피 한잔 하러 들르기에 좋은 곳으로 126석 규모를 자랑한다. 늦은 밤 서울의 야경을 바라보면서 커피를 마시고 싶을 때는 이 카페를 강력 추천한다.

039

오엔

1층은 어두운 조명과 고급스러운 인테리어의 고급 바를 연상하게 하지만 이곳은 주류 종류만 판매하는 곳은 아니며, 피자와 파스타 메뉴도 주문이 가능하다.

주소 서울시 강남구 압구정동 380-2(한강공원)
전화번호 02-3442-1582
영업시간 18:00~05:00(1층, 평일에는 19시 오픈)
　　　　　10:00~05:00(2층)
주차 한강공원 내 주차장 이용
예산 50,000원 이상(2인 기준)
추천메뉴 파스타, 피자 종류
홈페이지 http://www.onriver.co.kr/

상세설명 및 데이트팁

한강변에 위치한 선상 레스토랑인 오엔은 다른 어떤 선상 레스토랑보다 아름다운 야경과 실내분위기를 자랑하는데 1층은 바와 다이닝으로 저녁에만 오픈하며, 2층은 카페 겸 레스토랑으로 점심부터 새벽까지 영업을 한다.

2층은 화이트 톤의 비교적 밝은 분위기로 디자인되어 있어 낮에 방문하여 연인과 함께 커피 한잔 마시기에 좋은 곳이다. 자리는 흡연석과 금연석, 스테이크 좌석으로 구분되어 있는 것이 특징인데 그중 스테이크 좌석이 가장 고급스럽다. 스테이크 좌석을 선택하려면 반드시 스테이크를 주문해야 하며 늦은 저녁이나 새벽에 방문하길 원한다면 1층을 추천한다. (1층과 2층의 음식은 동일한 메뉴로 구성되어 있다.)

가장 추천할 만한 자리는 한강의 야경이 아름답게 펼쳐져 있는 창가 쪽 자리로 그곳이 만석이라면 맞은편의 개별 룸식으로 된 자리도 좋다. 창가 쪽 자리는 미리 예약도 가능하다.

이곳의 가장 큰 장점 중에 하나는 서울 도심 한복판에는 없는 넓은 주차장이 있으며, 새벽 5시까지 영업을 하므로 시간에 구애받지 않고 마음놓고 즐길 수 있어서 좋다.

040
아델라 베일리

갤러리 음식점을 표방하는 만큼 실내와 야외 테라스에는 여러 미술품과 조각상이 전시되어 있어 예술에 관심이 많은 여자들에게 인기 있는 장소 중의 하나이다.

주소 서울시 종로구 부암동 23-3
전화번호 02-3217-0707
영업시간 11:00~22:00
주차 발레파킹(2천 원)
예산 40,000원 이상(2인 기준)
추천메뉴 피자, 파스타
홈페이지 http://adelabailey.kr

상세설명 및 데이트 팁

서울의 드라이브 코스로 유명한 북악 스카이웨이 팔각정으로 가는 길에 위치한 아델라 베일리 레스토랑은 이탈리아 음식 전문점이면서 미술 갤러리를 표방한 레스토랑이다.

북악산의 끝자락에 위치한 이곳은 1층의 음식점과 2층의 야외 테라스로 구성되어 있는데 사방이 통유리로 되어 있는 1층에서는 서울의 야경을 감상하면서 식사를 즐기기에 좋으며, 2층의 야외 테라스에서는 산속의 신선한 공기를 맡으면서 차를 한잔 하기에 좋은 곳이다.

북악 팔각정으로 가는 길에 들러 차와 식사를 하기에 그만인 분위기 좋은 장소이다.

PART 02

여자를 유혹하는 데이트 장소

041
광화문 광장 및 세종 · 충무공 전시관

박물관 형태로 전시관은 역사적 체험을 할 수 있으며 관람료도 무료라 경제적 부담이 없다.

주소 서울특별시 종로구 세종로
전화번호 02-120
영업시간 10:30~22:30(전시관 월요일 휴관)
주차 근처 공영 주차장 및 세종 문화회관 주차장 이용
예산 무료관람
홈페이지 http://square.sisul.or.kr/index.jsp(광화문 광장)
　　　　　http://www.sejongstory.or.kr(세종 · 충무공 전시관)

상세 설명 및 데이트 팁

서울의 중심에 있는 광화문 광장은 2009년 새 단장을 하여 지금의 모습으로 돌아왔다. 광화문에서 세종로 사거리와 청계 광장으로 이어지는 데이드 코스는 서울에 사는 연인들이라면 꼭 한번 들러볼 만한 장소이다.

이 광화문 광장 아래에는 세종대왕과 충무공 이순신 전시관이 있는데 이 전시관은 한글을 창제하신 세종대왕과 거북선을 발명한 이순신 장군의 업적을 박물관 형태로 전시하고 있어 그 당시의 모습 등을 이해하는 데 도움을 준다.

관람료도 무료라 경제적 부담도 없으니 연인끼리 광화문 광장을 둘러보고 난 뒤에는 꼭 한번 들러 보길 권한다.

042 광릉 국립수목원

수목원으로 가는 길은 도로 양옆으로 나무가 울창하게 우거져 있어 연인들의 드라이브 코스로도 손색이 없을 정도이다.

주소 경기도 포천시 소흘읍 광릉수목원로 415 국립수목원
전화번호 031-540-2000
영업시간 09:00~18:00(4월~10월 하절기)
 09:00~17:00(11월~3월 동절기)
휴관일 일요일, 월요일
입장료 1인 1,000원
주차 1일 3,000원
홈페이지 http://www.kna.go.kr/

상세 설명 및 데이트 팁

경기도 포천에 위치한 광릉 국립수목원은 우리나라 유일의 국립수목원이다.

이 수목원은 1,018ha의 자연림과 100ha에 이르는 전문 전시원, 박물관, 동물원, 연구센터 등으로 이루어져 있으며 도심을 벗어나 대자연의 향기를 느끼고 싶을 때 가보길 추천한다.

예약 없이는 입장이 불가하므로 반드시 하루 전에 예약을 해야 한다.

043 국립중앙도서관

도서관에서 함께 책을 고르면서 데이트를 즐긴다면 여자친구에게 남자의 지적인 이미지를 심어줄 수 있는 좋은 계기가 될 수 있다.

주소 서울특별시 서초구 반포동 산 60-1
전화번호 02-535-4142
영업시간 09:00~18:00
휴관일 2, 4째주 월요일, 일요일을 제외한 공휴일 휴관
입장료 무료
주차 가능
홈페이지 http://www.nl.go.kr

상세 설명 및 데이트 팁

1988년 5월 남산에서 현재의 신축 건물로 이전한 국립중앙도서관은 우리나라에 있는 모든 책을 다 소장하고 있을 정도로 방대한 규모를 자랑하는 곳이다. 2009년에는 디지털도서관도 개관하여 인트라넷을 통한 자료검색도 가능하다.

항상 먹고 마시고 즐기는 데이트 문화를 벗어나 여자친구에게 남자의 지적인 이미지를 심어줄 수 있는 색다른 데이트 장소라 생각한다.

이곳에서는 식당도 저렴하게 이용할 수 있으며, 편의점과 북카페도 있어 연인끼리 와서 즐기기에 좋은 곳이다.

044
낙산공원

남산보다 가까워 서울 근교에서 서울의 야경을 즐길 수 있다.

주소 서울특별시 종로구 동숭동 산 2-10
전화번호 02-743-7985
입장료 무료
주차 가능(300원/10분)
홈페이지 http://parks.seoul.go.kr/park/default.jsp

상세 설명 및 데이트 팁

대학로 혜화역 근처에 위치한 낙산공원은 서울의 야경을 즐길 수 있는 유명한 장소 중에 하나로 서울 성곽으로 둘러싸여 있어 산책로로 잘 활용되는 곳이다.

낙산공원 아래에는 전시관과 중앙광장이 있으며 계단을 따라 위로 올라가면 서울의 야경을 볼 수 있는 성곽이 나온다. 이 성곽주변에서 연인들끼리 야경을 바라보며 담소를 나누는 모습을 흔히 볼 수 있다. 가끔 좀 더 야경을 잘 보기 위해서 성곽 위로 올라가서 앉아 있는 경우가 많은데 위험할 수 있으니 조심하기 바란다.

045 뚝섬유원지

낮과 밤 어느 때나 산책을 즐기기에 안성맞춤이며 근처에 자전거 대여소도 있어 자전거를 타며 데이트를 즐길 수 있다.

주소 서울특별시 광진구 자양동 428
전화번호 02-3780-0736
입장료 무료
주차 가능(1,000원/30분)
홈페이지 없음

상세 설명 및 데이트 팁

한강 시민공원 중의 하나인 뚝섬유원지는 광진구 자양동에 위치한 유원지로 분수, 음식점, 수영장, 유람선, 택시선착장, 야외공연장 등 다양한 시설이 갖추어져 있다.

이곳은 낮이나 밤이나 연인들의 데이트 산책로로 많이 활용되며, 애완동물을 산책시키러 나오는 사람들이나 가족단위로 휴식을 취하는 사람들로 북적인다. 특히 밤에는 한강과 서울의 야경을 볼 수 있어 연인들의 데이트 장소로도 좋다.

거대한 조형물로 되어 있는 뚝섬전망 문화콤플렉스는 식사를 할 수 있는 식당과 미술작품이 전시되어 있으며, 그곳에서 뚝섬공원의 전망을 바라보는 재미도 좋다.

근처에는 자전거 대여점도 있어서 넓은 뚝섬공원을 힘들게 걷지 않고 여유롭게 자전거를 타고 돌아다닐 수 있다.

046 서울숲 공원

도심 속에 조성된 거대한 공원으로 다양한 볼거리를 제공하며 연인과 손을 잡고 걷기에 안성맞춤인 장소이다.

주소 서울특별시 성동구 뚝섬로 273
전화번호 02-460-2905
이용시간 24시간 연중무휴
입장료 무료
주차 가능
홈페이지 http://parks.seoul.go.kr/seoulforest

상세 설명 및 데이트 팁

미국 뉴욕의 센트럴 파크에 버금가는 서울의 공원을 만들자는 취지에서 조성된 곳으로 문화예술공원, 자연생태숲, 자연체험학습원, 습지생태원, 한강수변공원 등 5개의 테마공원으로 이루어져 있고, 그 외 주요 시설은 야외무대, 서울숲광장, 환경놀이터, 자전거도로, 산책로, 이벤트마당, 곤충식물원 등이 있다.

서울에 이렇게 큰 공원이 있다는 게 믿어지지 않을 만큼 방대하게 조성되어 있는 서울숲 공원은 그 규모만큼 찾는 사람들도 많다. 주말에는 가족단위 관광객들로 붐벼서 주차할 곳을 찾기 어려울 때도 많다. 연인끼리는 가급적 주말을 피해서 가면 한가하게 산책을 즐기기에도 좋을 것이다.

047 롯데 프리미엄 아울렛

우리나라 최대 규모를 자랑하는 아울렛으로 관광 삼아 한번 구경해 보고 파주의 주변 관광지와 연계하여 둘러보면 좋다.

주소 경기도 파주시 회동길 390
전화번호 031-960-2500
이용시간 10:30~21:00
주차 가능
홈페이지 http://store.lotteshopping.com/handler/InsideJumStory-Start?subBrchCd=054

상세 설명 및 데이트 팁

신세계 프리미엄 아울렛을 시작으로 우리나라에도 점점 프리미엄 아울렛들이 들어서고 있다. 그 두 번째로 생긴 파주에 위치한 롯데 프리미엄 아울렛은 우리나라 최대 규모의 아울렛을 자랑한다. 총 A, B, C, D의 4개 동으로 이루어진 아울렛은 저마다의 특색을 갖춘 쇼핑몰로 단순히 구경만 해도 하루가 걸릴 정도로 넓고 방대한 규모를 자랑한다.

특히 주말에는 조금 과장해서 서울 사람들이 다 몰려왔다고 해도 과언이 아닐 정도로 많은 사람들이 방문하는데 가장 방문하기 좋은 날은 주중이다. 굳이 주말에 방문하고자 한다면 아침 일찍 문을 열자마자 방문하거나 아니면 5시 이후 저녁시간에 방문하는 것이 좋다. 그 외에 시간은 입구에 들어서기 수 km 전부터 차가 밀리므로 방문을 자제하는 것이 좋다.

048 신세계 프리미엄 아울렛

아울렛 건물과 외부에 꾸며진 정원 등은 유럽식으로 되어 있어서 마치 유럽의 쇼핑거리를 걷는 듯한 기분이 든다.

주소 경기도 파주시 탄현면 법흥리 1790-8
전화번호 1644-4001
이용시간 10:00~20:00(금, 토, 일, 공휴일 21시까지)
주차 가능
홈페이지 http://www.premiumoutlets.co.kr/

상세 설명 및 데이트 팁

우리나라 최초의 프리미엄 아울렛으로 여주와 이곳 파주 두 군데가 있다. 이 아울렛은 외국의 유명 아울렛 그룹인 첼시 아울렛 그룹의 한국지사 개념으로 볼 수 있으며 전 세계에 걸쳐서 지점이 있다. 우리나라에는 여주점을 시작으로 본격적으로 프리미엄 아울렛 시장이 형성되었다.

프리미엄 아울렛 하면 저렴한 가격에 명품 브랜드들을 접할 수 있다는 것이 가장 큰 장점인데 실제로 시중 명품가에서 적게는 20%, 많게는 50% 이상의 세일가로 판매하기도 한다. 하지만 그만큼 최신 유행의 제품이나 인기 있는 상품은 드문 편이며, 저렴한 가격으로 명품을 즐길 수 있다는 것으로 만족하는 것이 좋다.

이런 쇼핑몰을 데이트 장소로 추천하는 이유 중에 하나는 물건을 꼭 구입하라는 이야기가 아니라 여러 편의시설들과 정원 인테리어 등 볼 것이 많기 때문이다. 여자친구와 유럽의 쇼핑거리를 느껴보고 싶다면 꼭 방문해 볼 것을 추천한다.

주말에는 생각보다 많이 붐비므로 평일을 이용하고 주말에는 일찍 가거나 늦게 가도록 한다.

049 경기 영어마을 파주

모든 건물이 외국의 느낌을 살려 지어졌으며 도서관, 박물관, 공연장, 카페 등이 있어 다양한 체험을 할 수 있다.

주소 경기도 파주시 탄현면 법흥리 1779
전화번호 1588-0554
이용시간 09:30~18:00(월요일 정기휴무, 18시 이후 무료입장)
주차 가능
이용요금 3,000원(단순입장), 7,000원(입장+공연)
홈페이지 http://www.english-village.or.kr

상세 설명 및 데이트 팁

매년 해외로 어학연수나 유학을 떠나는 학생들을 위해 만들어진 곳으로 마치 해외에서 연수나 유학을 받는 느낌으로 영어를 가르치는 곳이다. 이국적인 건물과 환경으로 조성되어 있어서 우리나라 같지 않고 외국에 온 듯한 느낌을 준다.

이곳은 예전부터 이국적인 분위기의 TV나 드라마, 뮤직비디오, 영화 촬영 장소로 유명하며, 꼭 영어공부를 위해서가 아니라도 많은 사람들이 관광 목적으로 방문하기도 한다. 이곳은 파주의 3대 유명 관광코스인 '헤이리 예술마을'과 마주보고 있어서 다른 관광지도 방문할 겸해서 들러 보면 좋다.

주말에는 주차할 곳이 없을 정도로 사람들이 붐비므로 아침 일찍 가거나 늦은 오후에 가는 것이 좋다. 평일 관광을 추천한다.

050
헤이리 예술마을

예술마을답게 건축물 하나하나가 단순히 집으로서의 공간이 아닌 예술 작품을 방불케 하는 디자인이 적용되어 있으며 여러 갤러리와 전시관 등 많은 볼거리를 제공해 준다.

주소 경기도 파주시 탄현면 헤이리 마을길 82-105
전화번호 070-7704-1665
이용시간 10:00~18:00(월요일 정기휴무)
주차 가능
이용요금 갤러리마다 상이함
홈페이지 http://www.heyri.net

상세 설명 및 데이트 팁

경기도 파주의 3대 관광 코스를 꼽자면 프로방스 마을, 영어마을, 마지막으로 헤이리 예술마을을 꼽을 수 있다.

헤이리 예술마을은 1998년 미술인, 음악인, 작가, 건축가 능 380여 명의 예술인들이 회원으로 참여해 작업실, 미술관, 박물관, 갤러리, 공연장 등 문화예술 공간을 이룬 곳이다. 마을 이름 '헤이리'는 경기 파주지역에서 내려오는 전래농요 '헤이리 소리'에서 따왔다고 한다.

헤이리의 가장 큰 볼거리는 수많은 갤러리와 전시관 그리고 체험학습장이다. 도자기를 만드는 체험학습장은 연인에게 또 하나의 추억거리를 안겨주기도 한다.

이곳은 특별히 정해진 길이나 주차장이 있는 것은 아니며 하나의 마을이므로 여기저기 돌아다니면서 구석구석 살펴보는 것도 또 다른 재미의 하나이다.

051 프로방스 마을

복잡한 도시에서 벗어나 프랑스의 낭만을 즐기면서 감성을 충전할 수 있어 연인들에게 최고의 데이트거리를 선사해 준다.

주소 경기도 파주시 탄현면 성동리 82-1
전화번호 1644-8088
이용시간 10:00~23:00(월요일 정기휴무)
주차 가능
이용요금 무료
홈페이지 http://www.provence.co.kr/

상세 설명 및 데이트 팁

경기도 파주의 3대 관광 코스 중의 하나인 프로방스 마을은 프랑스 남부지방의 분위기를 그대로 살려 만든 테마 타운이다.

1996년 프로방스 레스토랑 오픈을 시작으로 세워진 프로방스 마을은 현재 도자기 공방, 베이커리, 카페, 패션관, 허브정원 등 여러 개의 테마 건물이 들어서 있다. 모든 건물이 파스텔 톤의 색으로 덮여 있어 연인과 함께 찍는 사진이 모두 예쁘게 나온다.

이곳은 인기가 많은 장소인만큼 역시 주말보다는 주중에 방문하길 추천하며, 특히 주말에 가장 붐비는 시간인 12시부터 4시까지는 피하는 게 좋다. 이 근처에는 헤이리, 영어마을, 아울렛 쇼핑몰 등이 밀집되어 있어 주말에 차가 밀리는 것은 일상 다반사로 일어난다.

052
리움 미술관

우리나라와 외국의 고 미술품을 비롯한 현대 미술가들의 작품들이 전시되어 있으며, 매번 다른 주제로 열리는 기획전시도 볼만하다.

주소 서울특별시 용산구 한남동 747-18
전화번호 02-2014-6900
이용시간 10:30~18:00
주차 가능
이용요금 상설전시 10,000원/1인
홈페이지 http://www.leeum.org

상세 설명 및 데이트 팁

서울 도심 이태원에 위치한 리움 미술관은 삼성그룹에서 운영하는 미술관으로 우리나라의 국보인 금동미륵 반가상을 비롯해서 우리나라와 외국의 고 미술품과 많은 유물들이 전시되어 있다.

이 미술관 건물은 세계적인 건축가 3인의 작품으로 건물 자체만으로도 멋진 예술품이라 불릴 만큼 좋은 볼거리를 제공한다. 본관은 나선형 구조를 지닌 계단으로 되어 있어서 그 특이함에 많은 사람들이 사진촬영을 하는 곳이다.

이태원은 젊음과 유흥의 거리이기도 하지만, 그 반면에 이렇게 조용히 예술을 즐길 수 있는 공간도 있으므로 이태원 방문 시 연인끼리 꼭 한번 들러 보는 것을 추천한다.

053

목동 사격장

영화 속의 주인공처럼 실탄을 쏘아 보는 재미는 여성들 대부분이 경험하지 못한 것 중의 하나로 색다른 매력을 더해 준다.

주소 서울특별시 양천구 목동 914번지 목동운동장 내
전화번호 02-2646-9993
이용시간 09:30~18:00(연중무휴)
주차 가능
이용요금 15,000원 이상(실탄사격 기준)
홈페이지 http://shootingmaster.co.kr

상세 설명 및 데이트 팁

여자친구와의 데이트에 '왜 뜬금없이 사격장이 등장했지?'라는 의문이 들 수도 있겠지만, 여자들은 항상 자신이 해보지 못한 것에 대해 경험해 보길 갈망한다. 그중에서도 실탄 사격은 대한민국 여성 대부분이 해보지 못한 경험 중의 하나이기 때문에 매력적인 데이트 코스가 된다.

또한 남자에게도 새로운 경험이 될 수 있는데 군대를 갔다 온 남자라면 누구나 총을 쏴 보았겠지만 사병들이 사용하는 K2 총만을 다루어 보았지 실제로 권총을 다루어 본 남자는 거의 없다(권총은 직업군인만 사용 가능). 그러므로 실제로 영화에서만 보아 오던 권총을 쏘아보는 체험은 데이트에 색다른 매력을 더해 준다.

목동 종합운동장에 위치한 실탄사격장은 10여 개가 넘는 권총을 보유하고 있으며 철저한 안전장비와 1대 1의 개인지도로 권총을 다루기 때문에 사고의 위험에서도 매우 안전하다. 발사가 끝난 후 표적지 점수를 매기고 자신이 자필서명을 한 후 기념으로 가져갈 수 있다.

※ 총기관리의 안전을 위해 신분증이 필요하므로 지참하는 것이 좋다.

054 영종도 및 해수욕장

야경을 바라보면서 하는 드라이브는 환상적인 느낌을 주며, 바닷바람을 맞으며 걷는 해변가 산책도 참 좋다.

주소 인천광역시 중구 운서동
전화번호 032-760-7980
홈페이지 http://www.icjg.go.kr/tour

상세 설명 및 데이트 팁

영종대교와 인천대교를 통해서 들어갈 수 있는 영종도는 인천 국제공항이 자리 잡은 곳으로 유명한 곳이다.

영종도는 원래 용유도, 삼목도, 영종도 이렇게 세 개의 섬이 간척공사로 인해 하나의 섬으로 합쳐진 곳이며, 인천 국제공항이 들어서면서부터 접근성이 좋아져 유명해진 곳이다. 서울에서 차로 1시간 정도면 갈 수 있어 서울 사람들이 주말에 바닷가 드라이브나 해변을 보고 싶을 때 자주 찾는 곳이기도 하다.

이곳에는 여러 해수욕장도 있어서 서울에서 가까운 해수욕장을 가고 싶을 때 적당하다.

을왕리 해수욕장
주소 인천 중구 을왕동 746
전화번호 032-746-4112

왕산 해수욕장
주소 인천 중구 을왕동
전화번호 032-746-6320

선녀바위 해수욕장
주소 인천 중구 을왕동 용유도
전화번호 032-760-7532

055 무의도, 실미도

실미해수욕장은 2km에 달하는 초승달 모양의 모래사장과 100년 된 소나무가 아름답게 군락을 이루고 있어 멋진 풍경을 자랑한다.

주소 인천광역시 중구 무의동
전화번호 032-760-6880
이용요금 자동차 승선요금 2만 원 이상
운영시간 07:00~20:00
홈페이지 http://www.icjg.go.kr/tour
http://www.muuido.co.kr(무의도 해운)

상세 설명 및 데이트 팁

영종도 근처에 있는 섬인 무의도, 실미도는 영화 '실미도'로 유명해진 곳이다. 거리는 영종도에서 얼마 되지 않지만 반드시 배를 이용해서 들어가야 하는 곳으로 운항은 아침 7시부터 저녁 8시까지 매 30분마다 있으므로 배를 많이 기다리지는 않는다.

실미도는 무의도와 가까이 붙어 있어서 무의도에서 실미도로 갈 때에는 배편을 이용하지는 않으며, 밀물 썰물에 따라 바닷길이 열리는 시간에 들어갈 수 있다. 미리 무의도 해운 홈페이지에 들어가서 바닷길이 열리는 시간을 확인해야 한다.

썰물 때에는 갯벌에서 낙지와 고동 등을 채취할 수 있어 가족단위 관광객들도 많이 찾는다.

배에 승선할 때 차를 가지고 갈 수 있으며 배를 타기 전에 반드시 근처 편의점에서 새우깡 과자를 사야 한다. 배 주변에 모여드는 갈매기에게 새우깡을 던져주는 재미도 데이트에 한몫을 하기 때문이다.

056
신도, 시도, 모도(배미꾸미 조각공원)

외진 곳에 위치한 조각공원은 나만이 아는 아지트 같은 느낌을 주어 연인들의 마음을 설레게 한다.

주소 인천광역시 옹진군 북도면 모도리 269-2
전화번호 032-752-7215
이용요금 자동차 승선요금 2만 원 이상, 승선 1인 3,000원
            공원주차비 2,000원, 입장료 1,000원
운영시간 07:00~18:00
홈페이지 http://www.sejonghaeun.com(세종해운)

상세 설명 및 데이트 팁

영종도 북쪽 지역에 위치한 신도, 시도, 모도는 세 개의 각기 다른 섬이지만 자동차로 이동할 수 있도록 육교로 연결되어 있다. 영종도 삼목 선착장에서 배를 타고 30분 정도 가면 가장 큰 섬인 신도에 도착하는데 이때 바닷바람을 맞으며 배를 타는 것도 재미있다. 배를 탈 때에는 꼭 갈매기 먹이인 새우깡을 준비하도록 하자.

차를 가지고 배에서 내린 다음 신도를 거쳐 시도로 이동이 가능하다. 또 시도에서 모도까지 차 이동이 가능한데 바로 모도에 '배미꾸미 조각공원이' 있다. 공원에는 레스토랑 겸 커피숍도 있으니 그곳에서 차 한잔 마시면서 바다를 바라보는 것도 데이트의 분위기를 한층 업그레이드시켜 준다.

※ 배에 승선하기 전에 승선명부를 작성할 수 있다. 그때 신분증을 요구할 수도 있으므로 신분증을 꼭 챙겨 가도록 하자.

057 인천 국제공항

쇼핑이나 레스토랑, 편의점, 은행 외에도 24시간 운영하는 스파 시설이 있어 연인끼리 한번 들러 보는 것도 좋다.

주소 인천광역시 중구 운서동 2850
전화번호 1577-2600
운영시간 24시간
(공항은 24시간 열려 있으나 대부분의 상점 운영시간이 07:00 부터 21:00까지이므로 이 시간 안에 방문하는 것이 좋다.)
주차 가능(홈페이지 참고)
홈페이지 http://www.airport.kr/

상세 설명 및 데이트 팁

우리나라에서 가장 큰 국제공항인 인천 국제공항은 기존에 있던 김포공항의 폭발적인 수요에 대응하고자 1992년 착공되어 2001년에 개항한 세계적으로 인정받는 최고의 공항이다.

인천공항은 세계 공항 서비스 평가 8년 연속 1위를 기록했을 만큼 최고의 시설과 서비스를 인정받고 있는 곳이다. 보통 사람들은 공항은 외국에 나갈 때만 이용하는 것이 아니냐고 반문할 수도 있겠지만 인천공항은 그 크기와 규모에 단순히 구경만 가보는 것도 좋은 경험이 될 수 있다.

인천공항까지 자동차로 간다면 좋은 드라이브 코스가 될 수 있고, 지하철로 간다면 열차여행도 될 수 있다. 인천공항을 구석구석 보려면 하루 종일 다녀도 다 못 볼 만큼 규모가 대단하므로 미리 그에 대한 대비를 하는 것이 좋다.

058 분당 중앙공원

야외공연장, 동물원, 체육시설 등이 있으며, 특히 야외공연장에서는 여러 다양한 문화행사가 열리기도 한다.

주소 경기도 성남시 분당구 수내동 65
전화번호 031-711-8278
이용요금 무료
홈페이지 http://www.e-park.or.kr/park/park01_08.asp

상세 설명 및 데이트 팁

분당에는 유명한 공원 두 개가 있는데 율동공원과 중앙공원이다. 분당 중앙공원은 1994년 7월 31일에 개원하여 영장산 자락에 위치하고 있다.

본래의 지형과 자연을 잘 살려 만든 중앙공원은 뛰어난 광경으로 TV나 영화, 각종 광고 촬영장소로 각광받는 곳이다. 특히 이곳은 호수와 분수의 시설이 멋지게 만들어져 있는데 분수쇼도 볼만하다.

059 분당 율동공원

조각상과 책 테마파크, 번지점프 등 많은 구경거리를 제공한다.

주소 경기도 성남시 분당구 율동 318
전화번호 031-702-8713
이용시간 09:00~18:00
이용요금 무료
주차 가능
홈페이지 http://www.bundang-gu.or.kr/01_intro/12_bd_go4.asp

번지점프 요금 및 이용시간
이용시간 10:00~17:00 이용요금 25,000원 이용문의 031-704-6266

상세 설명 및 데이트 팁

분당에 있는 또 다른 유명 공원인 분당 율동공원은 80만 평에 달하는 거대한 규모와 크기를 자랑한다. 거대한 호수 주변으로 공원이 형성되어 있는데 이곳은 특히 국내 최대 높이(45m)의 번지점프대가 있는 곳으로도 유명하다. 호수를 바라보며 뛰어내리는 번지점프대는 안전하게 설계되어 있어 많은 관광객들이 찾는 명소이기도 하다. 특히 TV 오락프로의 촬영지로 유명한데 다른 사람이 번지점프를 하는 것을 구경하는 재미도 있다.

워낙 크기가 넓어 공원 한 바퀴를 도는 데도 1시간이 넘게 걸리므로 이점에 유의하는 것이 좋다. 율동공원 뒤편에 있는 레스토랑과 카페 등을 방문해 보는 것도 좋은 데이트 코스가 될 수 있다.

서울 오토갤러리

다양한 자동차가 전시되어 있어 무료로 관람할 수 있는 모터쇼장이라고 해도 과언이 아니다. 자동차에 관심 있는 연인들이라면 꼭 한번 들러 보길 바란다.

주소 서울시 서초구 양재동 217
전화번호 02-2059-5000
영업시간 09:00~21:00
주차 가능
홈페이지 http://www.theseoulautogallery.com/

상세 설명 및 데이트 팁

서울 오토갤러리가 데이트 코스에 있는 것을 보고 '웬 중고차 매장이 데이트 코스가 되지?'라고 많은 사람들이 생각할 수도 있다. 이곳은 물론 중고차를 파는 자동차 매장이다. 하지만 보통의 중고차 매장과는 차이점이 있다. 그것은 바로 국산자동차가 아닌 외제 중고차만을 전문적으로 판매하기 때문이다.

건물 전체가 외제 중고차 매장으로 되어 있는 서울 오토갤러리는 말 그대로 중고차 매장이라기보다는 자동차 전시장에 가깝다. 그도 그럴 것이 그곳에 가면 전 세계의 모든 자동차를 볼 수가 있다. 오래된 자동차부터 최고급의 최신식 자동차까지 아마 지구상에 현존하는 자동차는 모두 모아놓은 곳이라 생각될 만큼 다양한 자동차가 전시되어 있다. 자동차를 좋아하는 연인들이라면 굳이 자동차를 사러 가지 않아도 구경하는 것만으로도 많은 재미와 즐거움을 만끽할 것이다.

061 대관령 양떼목장

양들에게 건초먹이를 주는 체험은 애완동물에게 먹이를 주는 느낌과는 사뭇 다른 경험이 될 것이다.

주소 강원도 평창군 대관령면 횡계 3리 14-104
전화번호 033-335-1966
영업시간 09:00~18:00(연중무휴)
주차 가능
입장료 4,000원(건초 가격)
홈페이지 http://www.yangtte.co.kr/

상세 설명 및 데이트 팁

한국의 알프스라 불리는 대관령 양떼목장은 한우로 유명한 강원도 횡계 IC를 지나서 있다. 태백산맥을 따라 대관령의 정상에 위치한 이곳은 봄, 여름, 가을, 겨울 등 사계절의 느낌이 모두 색다르며 추운 겨울보다는 여름이나 가을에 방문할 것을 추천한다.

입구에서 입장료를 내면 양들에게 주는 먹이인 건초를 이 티켓과 교환할 수 있다. 이때 조심해야 할 것은 양들이 식성이 너무 좋아서 간혹 달려들어서 손을 물릴 수도 있으므로 주의 바란다.

주말에는 사람들이 항상 붐비므로 아침 일찍 가거나 저녁 늦게 가도록 한다. 양떼목장을 다 둘러본 후에는 대관령 한우타운에 들러 한우를 꼭 맛보기 바란다. 가격은 좀 비싸지만 얼리지 않은 생 한우라서 그 맛이 일품이다.

근처에는 대관령 삼양목장도 있으므로 겸사겸사 들러 보면 좋다.

062 대관령 삼양목장

수백 마리의 젖소, 양, 토끼, 타조 등이 방목으로 키워지고 있으며, 곳곳에는 풍력발전기가 설치되어 있어 이국적인 느낌을 준다.

주소 강원도 평창군 대관령면 횡계 2리 산 1-107번지
전화번호 033-335-5044
개장시간 08:30
매표마감시간 11~1월 16:00 / 2월, 10월 16:30
　　　　　　　3월, 4월, 9월 17:00 / 5~8월 17:30
주차 가능
입장료 8,000원
홈페이지 http://www.samyangranch.co.kr/

상세 설명 및 데이트 팁

삼양라면으로 유명한 삼양식품에서 만든 대관령 삼양목장은 그 크기가 600만 평으로 동양 최대의 목장을 자랑한다. 넓은 산 하나가 모두 목장으로 이루어져 있다.

이곳은 각종 CF 촬영과 사진 출사 여행지로도 유명한데 입구에서 표를 구매한 후 셔틀버스를 타고 산 정상까지 올라갈 수 있다. 산의 최정상에 거대한 풍력발전기가 보이며, 최정상에서 바라보는 풍경은 이국적인 느낌을 들게 한다. 동해 전망대에 올라서면 날씨가 맑은 날에는 동해바다의 풍경까지 감상할 수 있다.

산 정상에서부터 걸어서 내려올 수도 있고, 중간 중간 셔틀버스가 정차하므로 중간에 내려서 산책하는 기분으로 구경하면서 내려갈 수 있다.

가장 가기 좋은 때는 여름을 추천하며, 겨울에는 상상을 초월할 정도로 매우 춥다. 이때는 젖소나 한우도 방목하지 않는다.

연인끼리 꼭 가볼 만한 곳으로 강력 추천하는 장소 중 하나이다.

063 일산 호수공원

체육생활과 자전거 도로 그리고 휴식을 즐길 수 있는 곳으로 주말에는 각종 공연과 행사가 펼쳐지기도 한다.

주소 경기도 고양시 일산동구 장항동
전화번호 031-8075-4347
주차 가능(100원/30분)
입장료 없음
홈페이지 http://www.lake-park.com/

상세 설명 및 데이트 팁

호수공원으로 유명한 일산 호수공원은 면적이 30만 평에 이를 정도로 거대하며 우리나라뿐만 아니라 동양에서도 가장 큰 규모의 인공 호수공원을 자랑한다. 호수공원은 꽃과 호수의 노시라는 고양시의 상징이기도 한데 일산 신도시 개발과 함께 지난 1995년 개장하였다. 고양 꽃 박람회도 매년 이곳에서 개최된다.

밤에는 노래에 맞추어 춤추는 분수를 볼 수도 있는데 연인과 함께 구경하면 분위기를 한층 더해 줄 것이다. 분수대 시간은 월별로 다르므로 미리 알아두고 가는 것이 좋다. 겨울에는 물론 하지 않는다(정확한 시간은 홈페이지 참고).

생각보다 공원 규모가 크므로 발이 불편한 구두를 신지 않도록 하는 것이 좋다.

064
반포대교 달빛 무지개 분수

저녁에 분수를 보기 위해 많은 연인들이 몰리며 아름다운 경관을 카메라에 담기 위해 출사를 나오는 사람들도 많다.

주소 서울특별시 서초구 반포동 반포대교
전화번호 02-3780-0678
주차 가능
입장료 없음
분수 가동시간 20:00~21:00(매회 15분 하절기에만 운영)
홈페이지 http://hangang.seoul.go.kr/enjoy/enjoy01_03_02.html

상세 설명 및 데이트 팁

한강 르네상스 사업의 일환으로 만들어진 반포대교 무지개 분수는 지난 2009년에 만들어졌다. 위치는 플로팅 아일랜드라고 불리는 세빛 둥둥섬이 있는 반포대교에 위치하고 있는데 만약 차를 타고 간다면 내비게이션에 세빛 둥둥섬을 치면 된다.

반포대교의 분수는 교량 전체가 분수로 되어 있어서 세계에서 가장 긴 분수로도 유명하다.

저녁 8시부터 9시까지 짧은 시간이지만 매회 15분 동안 화려한 조명과 음악이 함께 어우러져서 흘러나오는데 그 경관이 매우 화려하다.

간단한 음료수와 간식과 함께 분수를 구경하는 것도 서울에서 또 다른 데이트의 맛을 살려준다.

065 제이드 가든

답답한 도시에서 벗어나 어릴 적 동화 속에서 보던 백설공주와 신데렐라, 스머프들이 살고 있는 숲속을 체험해 볼 수 있다.

주소 강원도 춘천시 남산면 서천리 산 111
전화번호 033-260-8300
운영시간 09:00~일몰 시(입장은 마감 1시간 전까지 가능)
주차 가능
입장료 8,000원
홈페이지 http://www.jadegarden.kr

상세 설명 및 데이트 팁

드라마 촬영지로도 유명한 수목원인 제이드 가든은 우리나라 대기업인 한화그룹에서 운영하는 수목원으로 유럽풍의 정원을 테마로 지어졌다. 여느 수목원과 비슷하게 국내외 여러 식물들을 수집하여 조성되어 있어 여자들에게 인기가 있다.

관람의 동선은 크게 나무내음길, 단풍나무길, 숲속바람길 등 3개의 동선으로 나누어지며, 각각의 동선마다 특색이 있으니 모두 다 체험해 보는 것이 좋다. 그중에서도 단풍나무길은 연인들의 데이트 코스로 가장 각광받고 있으므로 연인끼리 꼭 산책해 보길 바란다.

인천 차이나타운

한국 속의 중국을 체험할 수 있는 장소로 다양한 먹거리도 함께 즐길 수 있다.

주소 인천광역시 중구 선린동 20
전화번호 032-760-7866
주차 가능(600원/30분)
　　　인근 상점에서 무료 주차쿠폰을 발급하기도 한다.
홈페이지 http://www.ichinatown.or.kr/

상세 설명 및 데이트 팁

화교들의 집단 거주지인 차이나타운은 우리나라를 비롯해 전 세계에 널리 분포되어 있다.

많은 사람들이 우리나라에 차이나타운이 없는 것으로 알고 있는데 그것은 과거 70년대 외국인에 대한 정부의 규제정책으로 인해 수많은 화교들이 파산을 하거나 다른 나라로 이주를 하여 차이나타운이 거의 없어지다시피 한 것이 사실이다. 그러나 2000년대 들어 외국인에 대한 규제정책이 풀리면서 유일하게 명맥을 잇고 있는 인천의 차이나타운을 인천시가 관광특구로 적극적으로 개발시켜 현재의 차이나타운으로 탈바꿈하였다.

차이나타운에서 가장 큰 즐길거리는 먹거리라 할 수 있겠다. 그곳에서 만드는 짜장면은 최고의 맛을 유지하고 있으며, 차이나타운에 들르는 관광객이라면 꼭 한 번씩 먹고 가는 필수 코스이다. 그 외에 만두나 찐빵, 양꼬치 등도 맛볼 수 있다. 주말에는 길거리 공연 등 다양한 행사를 볼 수 있다.

067
북악 팔각정

북악 팔각정에서 바라보는 서울 시내 전경은 4계절 내내 멋진 전망을 자랑한다.

주소 서울시 종로구 평창동 산 6-17
전화번호 02-725-6602
운영시간 11:00~23:00(연중무휴)
주차 가능
홈페이지 http://bukak-palgakjeong.tistory.com/

상세 설명 및 데이트 팁

서울의 대표적인 드라이브 코스인 북악 스카이웨이에 가면 멋지게 펼쳐져 있는 서울 시내 전경과 야경을 볼 수 있으며 맨 꼭대기에 가면 북악 팔각정이 있다.

북악 스카이웨이는 그 길이가 10km에 달하며, 산 하나를 모두 감싸고 도는 드라이브 코스는 산속의 신선한 공기를 마시면서 서울 구경을 하기에 좋아 연인들이나 외국인들에게 최고의 명소로 알려져 있다.

북악 팔각정은 말 그대로 북악산에 있는 팔각으로 된 정자이며, 그곳에서 서울의 경치를 볼 수 있는 전망대가 있으며, 정자 안에는 한식과 양식을 즐길 수 있는 레스토랑도 있다.

이곳에는 일반 우체통과 달리 매우 큰 우체통이 있는데 이름은 '느린 우체통'이다. 말 그대로 편지를 늦게 배달해 주는 우체통인데 3,000원을 내고 엽서를 붙이면 1년 후에 배달해 준다. 연인끼리 1년 전의 추억을 기념할 수 있는 좋은 아이템 중의 하나이므로 한번 체험해 보는 것도 좋을 듯하다.

068 하얏트 호텔 아이스링크

겨울에만 오픈하는 곳으로 스케이트를 타지 않더라도 아이스링크장과 호텔 정원을 거닐면서 경치를 바라보는 것만으로도 여자에게 로맨틱한 분위기를 전달할 수 있다.

주소 서울시 용산구 한남동 747-7
전화번호 02-797-1234
운영시간 18:00~24:00(연중무휴)
주차 가능
홈페이지 http://www.seoul.grand.hyatt.kr/ko/hotel/activities/hotel-activities/iceskating.html

상세 설명 및 데이트 팁

각종 CF와 드라마, 영화 촬영장소로 유명한 이곳은 겨울에만 오픈하는 아이스링크 스케이트장이다.

아이스링크의 특성상 겨울에만 오픈한다는 것이 아쉽기는 하지만 로맨틱하고 환상적인 조명으로 겨울에 한 번쯤은 꼭 가볼 만한 곳이다.

남산에 위치하고 있어 맑은 공기와 시원한 전망은 서울의 멋진 야경을 볼 수 있어 연인들의 겨울 데이트 코스로도 주목받는 곳이다. 사랑하는 연인에게 멋지게 고백하는 프러포즈 이벤트도 있으므로 호텔에 문의해 보는 것도 좋다.

평일 겨울 저녁에 맑은 공기와 멋진 야경을 바라보면서 식사를 즐기고 싶다면 적극 추천하는 곳이다. 주말에는 가족단위 손님들이 많아서 추천하지 않는다.

069 포천 허브아일랜드

건물 대부분이 유럽식 테마로 만들어져 있어 마치 우리나라가 아닌 외국에 온 듯한 기분을 맛볼 수 있다.

주소 경기도 포천시 신북면 삼정리 517-2
전화번호 031-535-6494
운영시간 10:00~22:00(연중무휴)
주차 가능
입장료 6,000원
홈페이지 www.herbisland.co.kr

상세 설명 및 데이트 팁

경기도 포천에 위치한 허브아일랜드는 1998년에 개장한 허브를 테마로 만든 정원이다. 주로 유럽식 정원을 테마로 지어졌으며 향을 먹는 마을, 향을 파는 마을, 즐기는 마을, 힐링센터 등 4개의 전시관으로 이루어져 있다.

테마 중에는 우리나라 고전 한옥과 옛날 물건을 전시해 놓은 곳도 있어 잠시나마 옛날 물건에 대한 향수를 불러일으키기도 한다.

생각보다 규모가 넓어 다 둘러보려면 3시간 정도 걸리므로 그에 따른 준비를 해서 가는 것이 좋다.

위치상으로는 거의 북쪽 끝에 자리하고 있어 서울에서도 1시간 30분 정도 걸리며 고속도로가 없어 차도 자주 막힌다. 그러므로 평일을 추천하며, 주말에는 개장시간이나 폐장시간이 가까울 때 그나마 덜 붐비므로 참고하도록 하자.

070 국립 중앙박물관

하루 종일 구경해도 지루함이 느껴지지 않을 정도로 많은 볼거리를 제공해 준다.

주소 서울시 용산구 용산동 6가 168-6
전화번호 02-2077-9000
운영시간 09:00~18:00(화, 목, 금요일)
　　　　 09:00~21:00(수, 토요일)
　　　　 09:00~19:00(일요일/공휴일, 월요일 휴무)
주차 가능(기본 2,000원)
입장료 무료(특별, 기획전시 제외)
홈페이지 http://www.museum.go.kr

상세 설명 및 데이트 팁

우리나라에서 가장 큰 박물관인 국립 중앙박물관은 지하철 4호선 이촌역 부근에 위치하고 있어서 교통이 편리하며 접근성이 좋다. 선사시대부터 근대까지 우리나라를 비롯해 전 세계의 다양한 문화 유물을 전시하고 있다.

여기에 가면 평소 우리가 학교 미술시간에만 볼 수 있었던 여러 작품들을 실제로 볼 수 있는데 그중에서도 백미는 우리나라 미술품 중 세계 최고의 걸작으로 손꼽히는 우리나라 국보인 '금동미륵보살반가사유상'이 있다.

관람료도 무료여서 부담 없이 연인과 함께 즐길 수 있으므로 적극 추천한다.

071 국립 현대미술관(과천)

가을 단풍이 시작될 즈음에 미술관으로 들어가는 입구에서부터 드라이브 코스로서 가히 환상적이라고 할 만큼 멋진 풍경을 자랑한다.

주소 경기도 과천시 막계동 산 58-4
전화번호 02-2188-6000
운영시간 10:00~18:00(하절기, 토·일요일 9시까지), 월요일 휴무
10:00~17:00(동절기, 토·일요일 5시까지), 월요일 휴무
주차 가능
입장료 무료(특별, 기획전시 제외)
홈페이지 http://www.mmca.go.kr

상세 설명 및 데이트 팁

국립 현대미술관은 과천관, 덕수궁관, 서울관 등 세 곳이 있는데 그중에 과천 서울랜드 옆에 위치한 과천관이 가장 크고 유명하다. 이 과천관은 우리나라와 외국의 현대 미술 작품들이 잘 전시되어 있다.

지금은 타계하신 전 세계적으로 유명한 비디오 아티스트 백남준의 작품인 '다다익선'이 들어가는 입구에 자리 잡고 있어 관람객의 호기심을 불러일으키기에 충분하다.

총 4층으로 되어 있으며 각 층마다 미술품이 전시되어 있어 위에서부터 차례로 보면서 내려갈 수 있는데 엘리베이터보다 나선형의 계단을 이용해서 내려가면 많은 작품들을 더 자세히 여러 각도에서 볼 수 있다.

방문시간은 평일이나 주말 아침, 저녁을 권장한다. 주말 오후 시간대는 주차 자리가 없을 정도로 붐빈다.

072
N 서울타워 (남산타워)

서울 전역은 물론 날씨가 맑은 날에는 인천항까지 볼 수 있어서 수많은 관광객과 사진작가들 그리고 연인들이 가장 많이 찾는 장소이다.

주소 서울시 용산구 용산동 2가 1-3
전화번호 02-3455-9277
운영시간 10:00~24:00(자세한 운영시간은 홈페이지 참고)
주차 가능
이용요금 9,000원(전망대)
홈페이지 http://www.nseoultower.com/

상세 설명 및 데이트 팁

남산은 옛날부터 서울의 야경을 볼 수 있는 곳으로 유명하였는데 남산타워는 1981년 일반인에게 처음 공개되었다. 그 뒤 2005년에 'N 서울타워'로 개명한 후 전면적인 보수공사를 거쳐 지금에 이르렀다.

초창기 남산타워는 꼭대기까지 차를 가지고 올라가서 서울 야경을 구경할 수 있었는데 지금은 차량통행이 금지되어 주차장에 차를 놓고 케이블카를 이용하거나 걸어서 정상으로 올라가야 한다.

서울타워에 있는 레스토랑에서는 창가 쪽 자리를 선택한다면 서울의 야경을 바라보면서 분위기 있는 술과 식사가 가능하다. 가장 인기 있는 자리인만큼 항상 사람들로 만석이다.

이곳에서는 일종의 사랑의 서약인 '사랑의 자물쇠'를 판매하기도 하는데 헤어지지 말고 영원히 함께하자는 의미에서 사랑의 자물쇠를 연인끼리 구입해서 한번 채워 보는 것도 좋은 추억이 될 것이다.

073 남양주 종합 촬영소

영화가 어떻게 촬영되고 만들어지는지 모든 과정을 그대로 볼 수 있어서 영화에 관심이 있는 연인들이라면 꼭 한번 가보길 추천한다.

주소 경기도 남양주시 조안면 삼봉리 100
전화번호 031-579-0600
운영시간 10:00~18:00(동절기 17:00), 매주 월요일 휴무
주차 가능
입장료 3,000원
홈페이지 http://studio.kofic.or.kr/

상세 설명 및 데이트 팁

남양주 종합 촬영소는 1998년 한국영화 촬영의 효율적인 지원을 위해 지어진 아시아 최대 규모의 영화제작 시설임과 동시에 영화를 주제로 한 테마파크이기도 하다. 이곳에서는 서편제, 쉬리, 공동경비구역 JSA, 취화선, 미인도 등 수많은 영화들이 촬영되었으며 지금도 영화는 물론 드라마, CF, 애니메이션 등 각종 프로그램들이 여기에서 만들어지고 있다.

이곳에 가면 실제로 영화촬영에 사용된 소품들과 야외 세트장 등을 구경할 수 있으며, 야외 세트장은 실물 그대로 재현해 놓았다. 또한 영화 스튜디오와 애니메이션 미니어처 등도 전시되어 있어 많은 관람객들이 찾는 곳이다.

074 남이섬

산책로로 유명한 메타세콰이어 길이 아름답게 펼쳐져 있으며 그 외 여러 구경거리와 먹을거리가 있다.

주소 강원도 춘천시 남산면 방하리 198
전화번호 031-580-8114
운영시간 08:00~21:00(연중무휴)
주차 가능(1일 4,000원)
입장료 10,000원(저녁 입장객에는 4,000원까지 할인 가능)
홈페이지 http://www.namisum.com/

상세 설명 및 데이트 팁

서울 한강에 있는 여의도처럼 북한강에도 강 한가운데에 섬이 있다. 이름하여 '남이섬'으로 불리는 이곳은 원래는 비가 많이 오는 홍수 때에만 일시적으로 섬이 되었던 곳이었는데 청평댐 건설로 인하여 지금은 완벽한 섬이 되었다. 드라마 '겨울연가' 촬영지로 인해 내외국인들에게 많이 알려진 이 섬은 남이장군의 묘가 있어 남이섬이라고 불리게 되었다.

원래는 아무것도 없는 불모지였던 이곳을 개발하여 관광지로서 면모를 갖추기 시작하면서부터 해외 관광객들까지 찾기 시작하였고 그 뒤 각종 영화와 드라마, CF 촬영지로서 각광받게 되었다.

남이섬은 말 그대로 섬이기 때문에 자동차를 놔두고 배를 타고 들어가야 한다. 아침 7시 30분부터 10~30분 간격으로 수시로 운행하기 때문에 별다른 문제는 없으며 남이섬에 도착하는 시간도 5~6분 간격으로 짧기 때문에 부담 없이 배를 타고 들어갈 수 있다.

075
덕수궁 돌담길(정동길)

가을 단풍이 절정에 이르는 10월에는 길가에 떨어진 단풍잎이나 은행나무잎들이 운치를 더해 주어 연인들의 마음을 설레게 한다.

주소 서울특별시 중구 정동 덕수궁 옆

상세 설명 및 데이트 팁

서울 지하철 시청역 1번 출구에 도착해서 보이는 덕수궁 돌담길은 대한민국에서 최고로 아름다운 돌담길이라 해도 과언이 아닐 정도로 멋지고 운치 있다.

이곳은 원래 자동차 도로였으나 보행자 중심의 도로로 재정비하면서 연인들이 데이트하기에 좋은 도로가 되었는데, 총길이는 약 900m 정도 된다. 이렇게 멋지고 운치 있는 길을 걷기만 해도 바로 사랑이 싹틀 거 같은 설레임을 선사하는 곳이다.

혹자는 '덕수궁 돌담길을 연인과 함께 걸으면 헤어진다'는 속설 때문에 꺼려하는 사람들도 있는데, 필자의 생각으로는 누군가 이렇게 아름다운 길을 자신들만이 걷고 싶어서 일부러 헛소문을 낸 것이 아닐까 싶다. 그만큼 아무에게도 알려주고 싶지 않은, 나만의 소중한 길이라고 생각된다.

돌담길 주변에는 예쁘고 아름다운 카페와 레스토랑이 있으므로 이곳에 들러 차 한잔 마시거나 맛있는 음식을 맛보는 것도 좋은 추억이 될 것이다.

076 북촌 한옥마을

한옥마을에는 갤러리와 박물관, 맛집, 쇼핑거리 등이 있는데 구석구석 둘러보면서 쇼핑을 하거나 맛집을 찾아가는 것도 데이트의 분위기를 한층 높여준다.

주소 서울시 종로구 계동 105
전화번호 02-2133-1371
운영시간 24시간(휴무일 없음)
입장료 없음
주차 불가(근처 주차장 이용)
홈페이지 http://bukchon.seoul.go.kr/

상세 설명 및 데이트 팁

서울에서 유일하게 한옥이 잘 보존되어 있는 북촌 한옥마을은 서울 지하철 안국역에 내리면 쉽게 들어갈 수 있다. 이곳은 경복궁과 창덕궁 사이에 위치해 있어 과거 조선시대 고위관리나 왕족들이 살았던 곳임을 짐작할 수 있는데 지금은 거의 사라지다시피한 한옥들이 그대로 잘 보존되어 있어 많은 외국인들이 찾는 관광명소이다.

또한 사진을 찍으면 거리 풍경이 아름답게 잘 나와 수많은 사진 마니아들이 찾는 곳이기도 하다. 연인과 함께 한국의 전통가옥 문화를 체험하기에 그만인 곳이다.

077 아침고요 수목원

아름다운 풍광을 가지고 있으며, 대한민국에 이렇게 아름다운 야경을 가진 정원이 있다는 사실에 놀라움을 금치 못할 것이다.

주소 경기도 가평군 상면 행현리 산 255
전화번호 031-584-6702
운영시간 08:30~일몰 시(연중무휴)
주차 가능
입장료 8,000원
홈페이지 http://www.morningcalm.co.kr/

상세 설명 및 데이트 팁

한국식 정원의 모델을 제시하며 만들어진 아침고요 수목원은 1996년 삼육대 원예학 명예교수인 한상경 교수가 설립한 곳이다.

경기도 가평군 축령산 자락에 위치한 이곳은 드넓은 10만 평의 토지 위에 축령산에 자생하고 있는 식물자원뿐만 아니라 여러 희귀 멸종위기 식물까지 포함하여 약 5,000여 종의 식물이 재배되는 곳이다. 이곳은 영화 '편지'의 촬영장소로도 잘 알려져 있는데 그 이후 아름다운 자연경관이 알려지면서 많은 사람들이 찾고 있다.

정원뿐만 아니라 산책로, 계곡, 동산, 갤러리, 무대 등의 시설과 함께 특히 하경전망대로 가면 아침고요 수목원이 한눈에 들어올 만큼 드넓고 아름다운 풍경을 볼 수 있다.

주말에는 사람들이 많이 붐비므로 아침 일찍 가거나 저녁 늦게 가면 좋다. 저녁에 간다면 조명이 어우러진 멋진 야경을 볼 수 있으므로 적극 추천한다.

078
정자동 카페 거리

대부분의 카페마다 이국적인 인테리어와 함께 테라스가 있어서 유럽풍의 카페 거리를 체험해 볼 수 있다.

주소 경기도 성남시 분당구 정자동(정자역에서 3분 거리)
홈페이지 http://www.bundang-gu.or.kr/01_intro/12_bd_go412.asp

상세 설명 및 데이트 팁

 카페 거리 하면 가장 유명한 곳이 분당에 위치한 정자동 카페 거리이다. 이곳은 지하철 분당선을 타고 정자역에 도착하면 도보로 3분 정도 거리에 위치해 있는데 아이파크 아파트와 파라곤 이파트 사이로 카페들이 즐비하게 들어서 있다.

 이곳에는 분위기 좋은 카페와 여러 맛있는 음식점들이 많아서 한층 여유로움을 느낄 수 있으며 가족단위 사람들과 연인들이 주로 찾는 곳이기도 하다.

079
잠실 카트 체험장

연인끼리 카트 자동차를 타고 경주해 본다면 그날의 스트레스를 확 날려 버릴 수 있다.

주소 서울시 송파구 잠실동 1168-1 송파구 탄천주차장 내
전화번호 02-420-3886
운영시간 10:00~18:00(동절기 17:30, 월요일 휴무)
주차 가능
이용요금 1인승 10분 : 15,000원 / 2인승 10분 : 20,000원
홈페이지 http://www.kartclub.co.kr

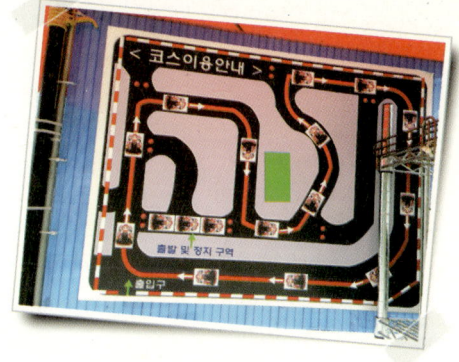

상세 설명 및 데이트 팁

자동차 카트는 원래 자동차 경주를 준비하는 선수들이 연습용으로 타는 자동차를 말하는데 요즘은 어린이나 일반인들이 재미로 많이 이용한다.

잠실 탄천 주차장에 있는 카트 경기장은 서울 사람들의 접근이 쉬워 많이 이용하기도 한다. 평소 TV에서 자동차 레이스를 보고 직접 해보고 싶다는 생각이 들었다면 카트를 한번 타보는 것도 좋을 듯하다.

장난감 자동차처럼 작은 카트는 1인승과 2인승이 있는데 만약 여자친구가 운전을 할 줄 안다면 1인승에 각각 따로 탑승해서 서로 경주해 보는 것도 재미있는 체험이 된다.

가격은 1인승이 10분에 15,000원 정도로 다소 비싼 금액이라고 생각될 수도 있는데 10분이면 트랙을 10번 이상 돌 수 있는 시간으로 결코 짧은 시간은 아니다.

삼성 교통 박물관

전 세계에서 희소가치가 있는 디자인이 멋진 클래식 자동차들이 전시되어 있어 관람객들의 눈길을 사로잡는다.

주소 경기도 용인시 처인구 포곡읍 유운리 292
전화번호 031-320-9900
운영시간 10:00~18:00(동절기 17시까지, 월요일 휴무)
주차 가능
입장료 6,000원
홈페이지 http://www.stm.or.kr/

상세 설명 및 데이트 팁

우리나라의 재벌기업인 삼성그룹에서 운영하는 자동차 박물관으로 이 곳에서는 단순히 자동차 전시뿐만 아니라 자동차의 발전과 역사를 한눈에 알아볼 수 있도록 교육의 장도 함께 마련되어 있다(원래 우리나라의 유일한 자동차 박물관이었으나 현재 제주도에도 자동차 박물관이(http://www.koreaautomuseum.com) 있는데 이곳도 볼만하다. 제주 여행을 간다면 꼭 한번 들러 보길 바란다).

주로 클래식 자동차들이 많이 전시되어 있는데 국산자동차는 우리나라 최초의 자동차인 시발 자동차를 비롯하여 포니, 스텔라 등 여러 자동차가 전시되어 있으며 시승하며 사진도 찍을 수 있는 클래식 카도 전시되어 있다.

자동차를 좋아하는 연인들이라면 들러 보길 권장하며, 클래식 자동차는 자동차가 아닌 예술품이라고 느껴질 만큼 훌륭한 자태를 가지고 있다.

081
호암 미술관

미술관 아래에 있는 전통정원 '희원'에서 연인과 분위기 있게 차 한잔을 마시며 휴식을 만끽할 수 있다.

주소 경기도 용인시 처인구 포곡읍 가실리 204
전화번호 031-320-1801
운영시간 10:00~18:00(매표마감 17시까지, 월요일 휴무)
주차 가능
입장료 4,000원
홈페이지 http://www.hoammuseum.org

상세 설명 및 데이트 팁

자동차 박물관과 가까운 거리에 있는 호암 미술관은 삼성문화재단에서 운영하는 미술관이다. 자동차 박물관을 관람한다면 이곳도 함께 둘러보길 바란다.

삼성그룹의 창업자인 호암 이병철 선생이 30여 년에 걸쳐 수집한 한국 미술품을 바탕으로 1982년에 개관한 사설 미술관으로 우리나라의 전통 미술품과 유물 등을 관람할 수 있다.

미술관의 규모는 크지 않아 오랜 시간이 걸리지 않으나 그 외에 정원을 산책하는 것도 좋은 데이트 코스가 된다. 이 미술관은 특히 산속에 위치하고 있어 가을에 방문한다면 멋진 단풍을 구경할 수 있다.

쁘띠프랑스

각각의 건물들마다 특색 있는 전시가 마련되어 있어서 프랑스의 문화를 보고 이해하는 데 도움이 되며 다채로운 문화행사를 즐길 수 있다.

주소 경기도 가평군 청평면 고성리 616
전화번호 031-584-8200
운영시간 09:00~18:00(연중무휴)
주차 가능
입장료 8,000원
홈페이지 http://www.pfcamp.com/

상세 설명 및 데이트 팁

드라마 '베토벤 바이러스'로 유명해진 쁘띠프랑스는 프랑스를 배경으로 만들어진 프랑스 문화마을이다. 모든 건물양식이 프랑스를 배경으로 만들어져 있어 각종 드라마나 광고 촬영지로도 유명하다.

프랑스를 대표하는 소설 '어린왕자'의 작가 생텍쥐페리를 기념하는 기념관과 프랑스 전통주택 전시관, 오르골하우스, 인형의집, 인형극장, 분수광장 등으로 이루어져 있다.

또한 이곳에서는 마리오네트, 인형극, 거리의 악사, 오르골 시연 등 다채로운 문화행사들이 수시로 열리는데 별다른 관람료를 내지 않고 공연을 구경할 수 있다.

이곳 역시 주말에는 주차장소가 없을 정도로 많은 사람들이 붐비므로 유의하기 바라며, 아침 일찍 가거나 늦은 오후에 방문하길 권한다.

083
이슬람 사원(이태원)

우리나라에서는 쉽게 볼 수 없는 전형적인 모스크 양식의 건축물로, 사원 구경 후 근처에서 중동국가 요리인 케밥이나, 인도 카레 수프 등의 음식을 맛보는 것도 훌륭한 데이트 코스가 될 수 있다.

주소 서울특별시 용산구 한남동 732-21
전화번호 02-793-6908
개장시간 24시간 연중무휴, 금요일 방문 자제
주차 불가
입장료 없음
홈페이지 http://www.koreaislam.org/

상세 설명 및 데이트 팁

이태원은 서울에서 외국인들도 많이 오는 데이트 코스 중의 하나이다.
이태원은 주변에 미군부대가 있어 자연스럽게 외국인들이 자주 놀러오는 거리가 되었고 그 결과 많은 외국인들이 찾는 명소 중의 하나가 되었다. 그곳에는 분위기 좋은 맛집과 바(bar), 클럽들이 있어 주말 밤에는 불야성을 이루기도 한다.

그런데 이런 분위기와는 자칫 어울리지 않을 듯한 곳이 이태원에 있는데 바로 이슬람 사원이다. 이슬람교 서울중앙성원이라고도 불리는 이곳은 지난 1976년 한국 정부에서 부지를 제공하고 이슬람 국가들이 건축비용을 부담하여 지어진 곳이다.

이곳은 이슬람교 신자가 아니더라도 누구나 관광 목적으로 들어갈 수 있으며, 여자들의 경우 짧은 치마를 입었을 경우 그곳에서 내주는 천으로 다리를 가려야 한다. 그러므로 지나치게 노출되는 의상은 되도록 피하도록 한다.

금요일은 합동예배의 날이므로 되도록 방문을 삼가는 것이 좋다.

| 마치는 글 |

『대한민국 미녀 유혹의 비밀』을 내놓고 나서 아쉬웠던 점 한 가지는 연애기술도 중요하지만 구체적인 데이트 장소 섭외도 연애를 함에 있어 많은 영향을 미친다는 것을 알았다. 그래서 그런 구체적인 방법과 장소를 알려주는 책을 발간하면 좋겠다는 생각을 가지고 있었는데 몇 달간의 자료수집과 집필 끝에 드디어 데이트 코스에 관한 책을 발간하게 되었다.

이 책은 제목에 걸맞게 철저히 여자들의 눈높이에 맞는 장소만을 소개하였으며, 모든 장소는 이미 다수의 여자들로부터 좋은 평가를 통해 검증을 받은 곳이다. 그러므로 '여자가 좋아하는 데이트 장소는 어디일까?'라고 항상 고민하는 남성들에게 좋은 길잡이가 되리라 확신한다.

이제 더 이상 '여자친구 만나서 뭐하지?'라고 고민할 필요가 없다. 이 책에 나온 장소만으로도 충분히 여자친구를 만족시켜 줄 수 있으며 성공적인 데이트 또한 이끌어 낼 수 있다고 믿는다.

아무쪼록 이 책을 잘 활용하여 대한민국 모든 남녀가 데이트 장소를 정하는 데 있어 고민이 없어지는 날이 오기를 기대한다. 또한 더욱더 많은 데이트 코스에 관한 정보는 암스 카페(http://www.armscafe.co.kr/)에 수시로 업데이트 되니 참고하기 바란다.